François PEYREL
Maître de conférences à l'Institut Universitaire de Technologie
« Gestion Logistique et Transport » d'Evry

L'entretien d'embûche

Le curriculum vitae qui tue…

ou comment ne pas trouver facilement un emploi

Éditions Amalthée

Pour tout contact :
Éditions Amalthée — 38 rue Paul Bellamy — 44000 Nantes

Dire la vérité, toute la vérité, rien que la vérité,
dire bêtement la vérité bête, ennuyeusement la vérité ennuyeuse,
tristement la vérité triste
Charles Péguy

Si tu parles à quelqu'un qui ne t'écoute pas... Tais toi.

Écrire un recueil, sur l'embauche qui ne déboucherait pas sur le travail, c'est prendre le même risque que celui qui consisterait à commettre un livre sur l'art de vendre qui se vendrait pas.

Ce serait toutes choses égales par ailleurs, comme inventer le fil à couper le beurre chauffant, pour débiter du beurre dans des mottes que l'on ne trouve plus nul part.

J'ai conscience, que je suis dans ce cas de figure.

En effet, ajouter un ouvrage, à des kilomètres d'étagères de bibliothèques sur l'art et la manière de trouver un emploi, en réussissant un entretien d'embauche, après avoir écrit le Curriculum Vitae qui ouvre toutes les portes.

C'est faire preuve, d'une infinie prétention, qui va souvent de pair avec une inconscience abyssale, inséparable, heureusement d'un bel optimisme, également abyssal !

Des " psy ", des " psycho ", des spécialistes en " sciences zhumaines ", des D R H (directeurs en ressources "zégalement zhumaines" !) s'y livrent, et je concède volontiers avec beaucoup plus de compétence, que la mienne, ce qui n'est pas difficile.

C'est pourtant ce à quoi je me suis livré.

Ayant eu la chance, d'être à la fois collaborateur dans une entreprise de commerce, et chargé de cours dans l'Enseignement Supérieur Technique, je suis au contact depuis trente ans avec des jeunes, à la formation de laquelle je participe, afin de les préparer à trouver du travail.

Et, dans le même temps, je recrute pour les besoins de l'Entreprise où j'exerce mon activité principale.

Auparavant, j'ai connu me concernant des entretiens que j'imaginais d'embauche, se terminant par les formules :

" Votre candidature est très intéressante..."

MAIS… Continuez à chercher (non dit !)

L'on me fera remarquer à juste titre, je viens de le dire, qu'il existent des livres de recettes :

" 200 CV pour gagner ! ", alors que le fameux CV d'une jeune fille ou d'un jeune homme de vingt ans tient largement dans une demi page.

" L'emploi sans peine ! "

" Au travail ! "

" Sortir de l'ornière " (Du chômage, pour une femme de cinquante cinq ans, sans formation, sans doute… Mais pour des jeunes diplômés ?)

Avec la conscience de mes limites, mon objectif est de raconter des histoires vécues, de citer des exemples, d'apporter mon témoignage, en espérant, que l'on en tirera des réflexions.

C'est un guide de voyages sommaire, incomplet : " Le parcours vers le premier emploi ou de nouveaux emplois ".

On verra que c'est une course de fond, un parcours du combattant, un travail !

Mes remarques peuvent être mises sous tous les yeux !

Peut-être seront-elles utiles ?

INTRODUCTION

— Monsieur PEYREL… Monsieur PEYREL !

Être hélé de la sorte, dans la rue, cela ne m'arrive pas tous les jours. Surpris, je me demande qui désire me joindre avec une telle ardeur.

Il pleut, je suis à l'angle de deux rues, à défaut d'une agence bancaire, ce qui ne saurait tarder, il y a un café, c'est fréquent, je prends abri sous son auvent et me laisse rejoindre.

— De quoi… De qui… s'agit-il ?

Un aimable jeune homme, bien de sa personne, par encore un homme jeune m'accoste :

— Vous vous souvenez de moi ?

— Euh ! Oui, votre visage ne m'est pas inconnu.

— Mais si, vous me connaissez bien : Jean-Jacques Dupont !… De l'IUT d'Evry.

— Euh ! (On notera pour l'instant la minceur du dialogue)

— Mais, si Dupont de la promo, de " moule à gaufres."

— Ah oui " moule à gaufres " ! la bobine de ce brave garçon me revient à l'esprit, le gentil " moule à gaufres " mais pourquoi diable, avait-il été affublé de ce surnom… Je ne le saurai jamais, mais il a marqué les esprits, et donné un nom de baptême à sa promotion.

La promo de " moule à gaufres " c'était il y a au moins trois ou quatre ans.

— Eh bien, Jean-Jacques, que devenez-vous ?
— Je cherche du boulot dans une bonne boîte.
— Ah bon !
— Vous n'auriez pas quelque chose pour moi ?
— A priori, comme cela, debout, dans la rue et sous la pluie, je ne vois pas, mais sait-on jamais. Nous pourrions peut être en parler. Auriez un CV sur vous, afin que je puisse préparer notre entretien et vous joindre éventuellement.
— Ah ben non !
— Tant pis.

Il a l'air moins perdu, il a même un large sourire, signe, pour lui, je l'imagine, que je suis un peu un "Saint Bernard ", voire un " Air Rescue " en vol direct vers l'emploi.

Je lui dis :

— Rendez-vous mardi prochain 9 heures à mon bureau, présentez-vous d'abord au gardien. Prends un papier, et écrit. Rendez-vous mardi prochain à 9 heures à la réception du Siège des " Nouvelles Galeries " 66 Rue des Archives 75003. Dire au concierge que vous venez me voir. Mon téléphone au cas où. Au revoir, à mardi 9 heures.

— Ah ! Merci beaucoup Monsieur PEYREL, à mardi.

Ce qui précède et ce qui va suivre, n'est pas un roman, quand bien même certains passages permettraient de le croire. Ni même, une caricature féroce. Tout y est, strictement conforme à la réalité.

Hélas !

Et heureusement.

J'ai eu la chance inespérée, de rencontrer le gagnant toutes catégories de l'entretien d'embûche.

Merci Jean-Jacques.

LA RENCONTRE

Mardi matin, 8 heures, je suis à mon bureau.

Entre Jean-Jacques Dupont, visiblement essoufflé autant que soulagé, je le sens tendu.

— Ah Monsieur PEYREL, enfin je vous ai trouvé !

Surpris, je l'accueille, lui propose de se mettre à l'aise, il a tendance en effet à transpirer, en dépit de l'heure matinale (relative certes !)

Et le présente à mon adjoint.

— Pierre, ce jeune homme a été mon étudiant à l'IUT, vous en connaissez le programme... (J'ai eu en effet deux de ses enfants parmi mes étudiants à l'IUT où Jean-Jacques a usé ses jeans, mais pas la même année). Je vous remercie d'avoir un entretien avec lui, pour l'instant je ne vois pas trop ce que nous pourrions lui proposer, je ne lui ai bien entendu, rien promis. Je ne lui ai même pas parlé de l'Entreprise, pas plus que de ce que nous sommes supposés y faire... Mais l'on ne sait jamais.

Mon sentiment est que le climat est bienveillant, attentif et, eu égard à l'âge respectif des participants, presque " familial ".

Ce n'est bien sûr qu'un sentiment.

— Je vous laisse car je ne veux pas vous influencer, je m'installe dans l'autre bureau.

Pour la compréhension de l'histoire, de ce bureau on entend tout de ce qui ce dit dans le mien, ce qui présente autant d'avantages que d'inconvénients.

LE DIALOGUE

Pierre commence :

— Donc vous avez terminé vos études, puis, fait votre service militaire ?

(Formule usuelle au moment des faits, mais qui n'est plus de mise désormais)

— Ah non alors ! Je me suis débrouillé pour y échapper. Vous pensez, ils m'avaient incorporé dans les troupes de Marine, tous des pédés, alors, je me suis fait réformé.

— Cela a été facile ?

— Oui et non, mais surtout long.

— Ne me dites pas que cela a été presque aussi long que de faire votre temps ?

— Presque.

— J'ai des idées sur la question, mais dites moi, comment avez-vous fait ?

— D'abord j'ai fait semblant d'être fou, mais cela n'a pas marché, alors j'ai truandé mes analyses d'urine.

— Et vous pensez qu'ils ont été dupes ?

— Non, mais je m'en moque, j'ai été libéré, c'est le cas de le dire.

— Bref, ils ont préféré vous voir dehors que dedans, alors que la menace classique à l'armée, à l'époque, était " je vais vous mettre dedans " (au cachot !)

— C'est cela.

— Et après.

— J'ai trouvé du boulot.

— Sans trop de difficultés ?

— Non, cela n'a pas été assez facile et ça n'a pas marché.

— C'est à dire ?

— C'était dans un dépôt pourri dans une zone industrielle paumée, et on commençait à 6 heures et demi du matin.

— Bon d'accord, et alors… Vous y faisiez quoi ? Expliquez-moi.

— Je m'occupais de préparer le travail des personnes chargées de faire les commandes à partir des stocks.

— C'est-à-dire ?

— Voir un peu avec l'informatique, si les documents étaient conformes, les répartir entre les équipes de préparateurs.

— Et après, j'imagine, continue Pierre, que vous aviez la responsabilité de diriger les équipes et de surveiller le travail. Donc, qu'il fallait arriver le premier, s'assurer que les documents informatiques étaient utilisables, puis que vous aviez les moyens nécessaires, en hommes et en matériel, Etc, etc. Vous voyez, je ne connais pas précisément, quelles étaient vos responsabilités mais je m'en doute, nous faisons les mêmes choses dans nos dépôts pour approvisionner nos magasins.

— C'est cela, répond Jean-Jacques, mais ça ne m'intéressait pas beaucoup.

— Pourquoi ?

— Les papiers étaient bourrés d'erreurs. Les gens ! Parlons-en, Ils n'étaient jamais contents, ils arrivaient en retard. ils étaient souvent absents, alors il fallait bien, que je m'organise, et ils gueulaient quand je les chargeais trop, d'après eux.

— Et comment vous y preniez-vous ? Vous donniez la main, des conseils, vous demandiez des renforts, des intérimaires ? Que faisait votre hiérarchie ?

— Parlons en des chefs ! Jamais contents, comme les autres !

— Et avec vos collègues ?

— Eux aussi : Pareil, j'ai essayé un peu, mais, ils étaient toujours d'accord avec les chefs, les employés, et surtout, ils ne voulaient pas d'embrouille avec les syndicats, ça je m'en souviendrai, c'est eux qui font la loi.

— Mais vos collègues, ils vous ont aidé ?

— Au début, oui, un peu. Mais comme j'avais fait des études et pas eux, ils m'ont dit que puisque j'étais si malin, que je n'avais qu'à me débrouiller, avec mon diplôme.

— Pas terrible, alors l'ambiance !

— Vous pouvez le dire !

— Et alors ?

— Alors j'en ai eu marre et j'ai filé ma dem !

— Ils n'ont pas cherché à vous retenir ?

— Non d'ailleurs, je ne serais pas resté, ils ne m'ont même pas proposé un plan de carrière. C'est une sacrée boîte, drôlement mal gérée, je m'en fous mais je ne pense pas que cela durera longtemps.

— Alors après qu'avez-vous fait ?

— Je suis parti en vacances.

— A quel moment ?

— Pourquoi vous me demandez ça ? Je suis parti en juin.

— Et vous êtes revenu en juillet.

— Oui.

— Cela n'a pas dû être facile d'avoir des rendez-vous en juillet et en août.

— J'ai bien essayé un peu. Mais cela n'a rien donné.

— Cela ne m'étonne pas.

— Depuis combien de temps cherchez-vous alors ?

— Ça fait bien cinq ou six mois.

— Et comment cherchez-vous ?

— J'écris un peu, puis j'attends des réponses.

— Vous continuez à vivre chez vos parents.

— Non, je vis chez mon amie.

— Et elle, elle travaille ?

— Oui, elle fait de l'intérim en attendant mieux.

— Ce n'est pas trop dur ?

— Ça va à peu près nos parents nous aident.

— Mais, cela ne pourra pas durer longtemps.

— Oui, surtout pour mon père, il commence à trouver que cela ne va pas.

— Et que vous conseille-t-il ?

— De faire n'importe quoi, même de l'intérim.

— Vous avez contacté les entreprises où vous avez fait des stages durant votre scolarité ?

— Non, je n'y ai pas pensé.

— Et vous avez contacté l'IUT ? Pris contact avec l'association des anciens élèves, c'est comme cela que mon fils a trouvé sa première entreprise, grâce à un ancien élève qui y travaillait.

— Ah, oui, il faut que j'y aille.

Pierre poursuit :

— Monsieur PEYREL vous l'a dit, nous n'avons pas d'emploi à vous proposer pour l'instant, mais l'entreprise est grande, et nous avons peut-être des besoins qui pourraient correspondre à votre cursus et à ce que vous voulez faire. Nous fréquentons beaucoup de monde, et pourrions bien entendu, parler de vous. Mais auparavant, il y a un impératif important, dont il faut que je vous parle, chez nous comme dans d'autres entreprises mais particulièrement chez nous, c'est la disponibilité. Car, nous avons des établissements dans toute la France, et nous avons tous l'habitude d'être mutés, moi-même j'ai déménagé quatorze fois. Êtes vous mutable ?

— Oui, mais pas n'importe ou, Bordeaux, Lyon, Marseille, cela irait.

— Mais Thionville ?

— Ah non, pas ça alors.

— Et pourquoi ?

— C'est simple, je me rends compte qu'avec mon niveau, je n'y arriverai pas, alors j'ai décidé de reprendre un peu mes études, donc il me faut une grande ville universitaire.

— Bon, vous voulez poursuivre vos études, c'est une bonne idée, mais dans quel but ?

— Je ne sais pas trop, l'informatique peut-être ou la compta. Peut être que je partirai aussi un peu à l'étranger.

— Ah ! bon, et pourquoi l'étranger ? Et ou ? Et pour faire quoi ?

— Je verrai bien, d'abord l'on m'a dit que cela paye bien, c'est tout ce qui compte.

— Je ne comprends pas, vous avez fait des études techniques en transport et en logistique, vous auriez pu faire aussi bien un BTS " Tec de Co ", ou " Génie électrique ", ou une fac… Ou une grande école, ou une école de commerce, même modeste, enfin vous aviez le choix ! Alors pourquoi le transport et la logistique ?

— Oui, c'est vrai, je ne sais pas trop, j'ai un oncle qui est dans la logistique, et il m'a dit que c'était sympa et que ça gagnait bien.

— Vous l'avez vu votre oncle, vous lui avez parlé de votre recherche ?

— Oui, mais dans sa boîte on licencie, alors ce n'est pas le moment.

— Vous lui avez laissé vos coordonnées?

— Oui, il m'a dit qu'il parlerait de moi autour de lui.

— Bon espérons que cela va aboutir. Et si cela marche en logistique ou en transport, que comptez-vous y faire?

La réponse obtenue est digne de ce que l'on appelle un "jargonniseur," c'est à dire d'un ensemble de phrases qui ne veulent rien dire, mais qui misent bout à bout, font un discours :

La logistique base essentielle de l'entreprise.
Dans un contexte économique encore instable.
Doit être le moteur de l'action.
En liaison étroite avec la mise en œuvre des expertises potentiellement disponibles, tant externes qu'internes.

Bref nous avons droit à un discours sans aucun sens, particulièrement grotesque.

Je devine que la pression monte chez mon collaborateur, et qu'il est temps que je me mêle à l'entretien.

L'ESTOCADE

Je n'y prends aucun plaisir, mais, il faut que je fasse quelque chose.

J'ai reçu une personne que je connais, très vaguement, j'ai demandé à l'un de mes collaborateurs de la recevoir. cela se passe mal, je le sens, il faut que j'assume.

Faute de quoi, Pierre qui est un homme gentil, courtois, bien élevé et " humain", va croire que je lui fais perdre bêtement son temps en lui demandant de recevoir une personne sans intérêt.

Je prends la main.

Bon ce n'est pas tout ça, mais nous ne savons toujours pas ce que vous désirez faire, bien que, et je vous le confirme, nous n'avons pas de proposition sérieuse à vous faire.

Il reste un point extrêmement important à examiner :

— **Combien voulez-vous gagner ?**

Après avoir lancé ma question, je plonge dans un " profond " silence, en prenant l'air que je crois inspiré de la personne qui réfléchit.

C'est une attitude… (Nous en parlerons assez longuement plus loin)

Peut-être suis-je en train de me demander où et avec qui je vais déjeuner, mais j'offre toutes les apparences du penseur qui attend avec intérêt une réponse.

C'est la fin annoncée, on le devine, de l'entretien.

Nous le constatons, c'est à la fin d'une réunion, d'un entretien quels qu'ils soient :

D'affaires : Nous passons à la caisse après avoir fait nos courses.

D'amour : Il ou elle accepte de dire "Oui " après avoir dit " Non "… Ou ce qui revient au même, après n'avoir rien dit.

C’est au dernier moment que se prennent, la ou les décisions.

Souvent, la décision prise, est de ne pas en prendre, c’est quelquefois la meilleure.

J’ai appelé ce moment : “ L’estocade “ pour marquer les esprits.

C’est après avoir fatigué le taureau, que le toréador doit le tuer, et si possible pas n’importe comment. Notons que pour la pauvre bête, la manière importe peu !

Quoique ! Sur ce point, pour l’instant les taureaux sont muets, pas les spectateurs.

De même, l’amoureux doit répondre aux espoirs de sa belle et réciproquement.

Dans ce cas par contre, à la différence de la tauromachie la manière importe pour les deux partenaires !

Le commerçant, faire des bénéfices, le client faire une bonne affaire, il reviendra ou pas, c’est le seul critère, en effet, une première affaire peut quelquefois être mauvaise, elle sera à la fois la première et… la dernière, car une affaire n’est bonne que lorsqu’elle est bonne pour tous.

Le taureau ne reviendra pas dans l’arène, pour lui l’affaire n’est pas bonne !

Les amoureux, nous l’espérons se retrouveront et ne se quitteront plus.

Le commerçant aura une clientèle, dont la fidélité n’aura d’égale que celle des tourtereaux.

Lors d’en entretien d’embauche, les partenaires sont respectivement vendeur et acheteur.

Il s’agit d’échanger une prestation de service : Le travail, des qualités, de l’imagination contre un salaire, complété éventuellement par quelques avantages.

Pour le recruteur faire une bonne affaire c’est réaliser un bon recrutement, et pour le recruté avoir l’espoir qu’il n’est pas tombé dans un piège.

A : J’ai recruté quelqu’un de bien, qui correspond à mes besoins, et audelà.

Correspondra : Je travaille dans une bonne maison, j'ai envie d'y rester, et d'y progresser.

Revenons au rendez-vous avec Jean-Jacques, et surtout, à sa chute autant révélatrice, que catastrophique.

A la question, simple me semble-t-il, répond une autre question :

— A combien m'estimez-vous ?

J'ai parlé d'estocade.

— Eh bien Monsieur, je vous estime à rien du tout, et cela n'a aucune espèce d'importance, car nous ne travaillerons jamais ensemble.

Le ciel s'effondre sur la tête de ce brave garçon, je vois perler de grosses gouttes de sueur sur son front, ses mains tremblent.

Je suis, moi aussi, très mal à l'aise.

Je sais que je suis cruel, c'est une estocade, Jean-Jacques a le sentiment, j'en suis persuadé, d'avoir fait de son mieux.

Il ne voit pas toutes les erreurs qu'il a commises, pourtant chacune d'elles est éliminatrice.

Jean-Jacques vous avez commis, sans le vouloir je l'espère, une série d'erreurs.

Si vous le voulez bien, nous allons les analyser une par une.

Elles constitueront un exercice pour vous, et sans conséquence, puisque nous ne sommes d'accord, du moins aujourd'hui, que sur un seul point : Nous ne ferons pas affaire !

Le décryptage de l'entretien, avec Jean-Jacques l'on parle également dans ce cas de " débrifing " est un des éléments qui dicte le sens du recueil.

L'on dira, selon nous, ce qui est préférable de dire, de faire.

L'on suggérera des manières de se comporter.

On insistera surtout sur ce qu'il faut éviter de dire, éviter de faire.

Sil y avait, une recette miracle pour écrire le curriculum vitae qui ouvre sans peine et immédiatement les portes de l'emploi et " La bonne façon " de réussir un entretien d'embauche, cela se saurait.

Leurs inventeurs auraient fait fortune... Et ils auraient été avisés de le faire savoir, au risque du reste, de créer leur propre concurrence.

Premier exemple, il y en d'autres :

Les erreurs de Jean-Jacques ou comment rater un entretien d'embauche, à tous les coups.

Voilà pourquoi nous ne travaillerons jamais ensemble.

Souvenons-nous :

Que me dites-vous lors de notre premier contact ?

Je cherche du boulot dans une bonne boîte.

Boulot ?
Boîte ?

Voilà, ce que je comprends, et je vais préciser ma pensée :

Que diriez vous d'un amant potentiel qui annoncerait, - soyons familiers - :

Je cherche - un cageot -, une fille facile quoi ! Qui dirait oui tout de suite.
Et qui ajouterait, pour faire bon poids : Je t'aimerai un peu, je serai un peu câlin, je m'intéresserai un peu à toi.

Que c'est un goujat ! Et qu'il n'est pas près de trouver quelqu'un.

N’est ce pas ! Je ne vous le fais pas dire, mais ne trouvez-vous pas que c’est comme cela que vous vous comportez par rapport au travail : En goujat !

Reprenons vos déclarations :

Le travail ce n’est pas du “ boulot,” mais une activité, vitale, indispensable, à exécuter avec sérieux, soin et respect.

Que dit-on lorsqu’une tâche est n’y faite ni à faire :

C’est pas du travail, c’est du boulot !

Certes, je vous l’accorde bien volontiers, nous disons aussi :

J’ai un bon boulot.

Je travaille pour une bonne boîte.

Les mots sont traîtres, c’est évident, donc : Prudence !

Reprenons :
La gestion des Entreprises peut toujours être améliorée, nous nous y attachons tous, en particulier par le recrutement de jeunes ayant des yeux neufs, des idées neuves, des approches novatrices, des visions originales.
Donc, la maîtrise de méthodes, et de moyens nouveaux, plus modernes mieux adaptés.
Mais pour l’instant, “ les boites “ comme vous dites, elles tournent, génèrent des profits, et vos premiers salaires seront payés, non pas, globalement par ce que vous avez apporté mais par ce qu’elle ont engrangées.

En effet :

Vous ne pouvez ignorer que, les investissements d’aujourd’hui, pour demain, ce sont les bénéfices d’hier.

Vous allez me coûter de l'argent avant de m'en rapporter, si vous m'en rapportez !

Ces entreprises, hélas pour vous, en ce moment, elles tournent sans vous !

Et vous les traitez de " boîtes ".

Est-ce bien utile et raisonnable ?

Les mots que nous utilisons, pour parler des êtres et des choses sont révélateurs de ce que nous en pensons " au fond ".

Nous venons de le voir, faire la conquête d'une jeune fille ou d'un jeune homme est un engagement, qui fera naître des obligations, à défaut d'un bonheur éternel. Quoique !

Ce n'est pas se satisfaire, de la première " nana " facile, ou d'un cavaleur impénitent !

Même, si cela peut vous paraître curieux, les entreprises comme les femmes et les hommes ont envie d'être conquises.
En employant des mots globalement péjoratifs, vous les sous-estimez.
Et vous donnez l'impression, de mépriser ce qui s'y passe.

Vous semblez dire, enfin, c'est comme cela que je vous entends, que vous êtes prêt à faire n'importe quoi avec n'importe qui, et j'en tire la conclusion, n'importe comment.
Je sais pertinemment, que ce n'est pas le cas, mais dans un premier temps, c'est ce que je comprends, et c'est ce qui compte.

Vous vous voulez attirer mon attention, c'est légitime, ne soyez pas péjoratif, méprisant, et ne me laissez pas dans le vague, sur vos aptitudes, votre personnalité.

Pour que je commence à m'intéresser à vous, vous aviez le choix.

Certes, je vous connais vaguement, j'ai quelques idées sur ce que vous pouvez faire avec ce que, entre autres je vous ai appris, et que vous avez peut être plus ou moins bien, retenu, mais vous, et vous seul, savez ce que vous désirez faire, et savez faire.

Ainsi, pour confirmer notre lien commun, j'ai été votre " prof ", vous auriez pu me dire :

Avec mon diplôme, et ce que j'ai déjà fait, je suis à la recherche d'un poste de... Ou d'une situation approchant ce que j'ai appris avec vous et d'autres, j'ai déjà travaillé.

Éventuellement : Vous m'auriez dit :

Je suis à la corde, car l'entreprise dans laquelle je travaillais vient de déposer son bilan.

Il faut absolument que je trouve un emploi même s'il n'est pas à la hauteur de ce que je peux espérer... Cela me permettra d'attendre des jours meilleurs tout en continuant de chercher.

J'aurai compris qu'il fallait vous trouver de quoi gagner rapidement votre vie.

Vous auriez pu également me dire :

J'ai eu la possibilité de me spécialiser dans la " traçabilité ", dans les nouveautés informatiques, les automatismes.

Ou : Je ne progresse plus là où je suis, depuis deux ans et demi. J 'aimerais changer pour apprendre et faire d'autres choses.

Avouez, que nous sommes loin du " boulot, dans une bonne boîte ! "

En disant tout cela, je sais, que je rends service à Jean-Jacques.

Mais, à l'évidence, et j'en ai conscience, ce qui me rend mal à l'aise, il est sous le choc de l'estocade, ainsi je l'imagine que le malheureux taureau.

J'insiste : Vous savez je vous dis tout cela parce que vous êtes sympathique.

Je continue :

Puis, je vous ai demandé :
Avez-vous un CV ?

Votre réponse :
Ah non !

Je vous ai répondu :
Tant pis.

Et il a fallu que, ce soit moi qui vous laisse une trace de notre premier contact.

Nous avons du reste à cette occasion commis vous et moi, une erreur, j'ai oublié de prendre vos coordonnées, vous n'avez pas pensé à me les donner.

Vous auriez eu un CV sur vous, l'erreur était évitée, mais là moi aussi je n'ai pas été bon, vous voyez, nous commettons tous des erreurs, pour vous c'est rassurant.

Nous ne travaillerons pas ensemble.

Car vous ne m'avez pas écouté.

Je vous ai donné une instruction, la première… Et vous n'avez pas été attentif, précis, vous m'avez entendu, mais pas écouté, vous n'avez rien compris à mes instructions, et fait à votre idée.

Pour un début, ce n'est pas fameux.

En effet, je vous ai dit :

Mardi 9 heures à mon bureau, présentez-vous au concierge.

Cela ne me paraît pas très compliqué, d'autant plus que j'ai confirmé tout cela, par écrit.

Or, je vous trouve à 8 heures dans mon bureau.

Votre manque d'obéissance, sans doute pavée comme l'enfer de bonnes intentions, va avoir plusieurs conséquences :

Dont une particulièrement dommageable pour le concierge, car il est payé pour contrôler les entrées dans l'immeuble, et à l'évidence il ne fait pas son travail.

Deuxième conséquence, certes moins grave, à 8 heures j'ai l'habitude de prendre le café avec mes collaborateurs précisément au café en face.

C'est un bon moment, nous en profitons pour faire le point, échanger des réflexions, qui ne sont pas du reste toujours professionnelles.

Je pourrais aussi avoir des choses plus utiles ou plus urgentes à faire, et comme je suis organisé - moi - j'avais prévu de vous recevoir après avoir fait ce que j'ai à faire, j'en déduis que vous considérez que je suis à votre disposition ce que je considère comme désobligeant.

Et que vous, vous n'êtes pas organisé, ce qui est grave pour vous et ne m'incite pas à aller plus avant.

Certains d'entre nous, sont "bordéliques", c'est à dire qu'ils mènent leur vie comme ils l'entendent d'autres sont " bordéligènes ", ils ont la fâcheuse tendance de transmettre leurs comportements autour d'eux, et cela m'est insupportable.

En effet, je m'efforce d'être organisé, ce n'est pas toujours simple, mais j'ai déjà assez de mal tout seul, sans que quelqu'un me mette des bâtons dans les roues.

Je vous ai confié à l'un de mes collaborateurs, dans lequel j'ai toute confiance, il a comme moi l'âge de votre père, j'ai eu ses enfants au même titre que vous comme étudiants, il n'y a donc pas de piège, et pourquoi du reste y en aurait-il un ?

Vous avez pu, vous exprimer en toute liberté et nous raconter, vos expériences, à votre guise.

Il n'y avait pas comme en patinage sur glace de figures imposées.

Et vos " figures libres" ne tiennent qu'à vous.

Vous avez sur l'Armée française et plus particulièrement ses troupes de Marine une opinion, nous sommes en République, c'est vôtre droit le plus absolu.

Vous avez également le droit d'avoir des avis tranchés sur les religions, les recettes culinaires, les façons d'élever les enfants... Et n'en doutons pas les pratiques sexuelles !

Nous pourrions en discuter, cela me manquerait sûrement pas d'intérêt, mais ce n'est pas le moment.

Par malchance pour vous, il se trouve que votre interlocuteur, qui a désormais une opinion sur vous, est officier de réserve, et très régulièrement il revêt un uniforme pour participer à des journées de réservistes.

Et m'adressant à mon collaborateur (on ne s'étonnera pas de la finesse de ma question) je lui demande :

J'espère, Pierre, que vous n'êtes pas dans les Troupes de Marine !

Cher Jean-Jacques,

Si l'on analyse, le temps que vous avez pris pour vous faire réformer, nous ne pouvons pas ne pas penser que vous auriez pu faire des choses plus utiles, plutôt que d'échapper sans gloire aux contraintes d'une Institution, dont on peut penser ce que l'on veut, mais qui ne présentait pas que des aspects uniquement négatifs.

Vous auriez pu, devenir officier ou sous officier, voyager, apprendre " des choses ", passer le permis de conduire, avoir le temps de poursuivre des études, faire du sport, vous perfectionner en informatique, apprendre une langue... Que sais-je ?

Continuons.

Avec des difficultés, c'est vous qui nous le dites, vous avez trouvé du " boulot ", mais c'est toujours vous qui l'avouez :
J'ai eu du mal à trouver, c'était dur.

Vous nous avez raconté :
Le dépôt était pourri, dans une zone industrielle paumée, et il fallait y être de bonne heure.

Je commente :
A mon avis, c'est fréquent, j'ai du reste commencé comme cela. Je me souviens que ce n'était pas facile tous les jours, surtout en hiver.
Mais si vous ne vouliez pas travailler dans de telles conditions, il fallait faire autre chose, vous avez eu le choix à un moment ou à un autre.

Imaginons un moment " Un coup du sort. " : moi, François PEYREL, je connais bien l'entreprise qui n'a pas eu plus envie de vous garder que vous d'y rester !

Que pensez-vous que je vais penser ? Lorsque vous précisez :

Le dépôt est pourri, l'informatique est nulle, aussi nulle que son encadrement, ce qui n'a du reste aucune importance puisque le personnel ne vaut rien.
Jamais content, toujours en retard, malade pour un oui ou pour un non, et sous la coupe des syndicats.
Quelle boîte en effet !
C'est sans doute pour éviter d'y retourner que vous voulez poursuivre vos études, cela je le comprends, à votre place peut être que je ferais la même chose.

N'est ce pas ?

Bon, rassurez vous je ne connais pas le patron de cette société, mais j'aurais pu le connaître, nous ne sommes pas nombreux dans la branche, c'est une grande famille.

Jean-Jacques se reprend :

Oui, je sais, vous avez raison, je commence à m'en rendre compte. Je voulais vous dire, je ne me sens pas à l'aise dans un travail trop physique.

C'est sans doute pour cela que vous n'avez pas voulu faire votre service militaire.

Peut-être.

On continue ?

Une autre de vos remarques a retenu mon attention.

Vous parlez de votre travail, bon, nous vous comprenons, mais vous nous dites qu'il ne vous intéressait pas.

Pourtant, il me semble, mais je me trompe sans doute, que pour un début dans la vie active, ce n'était peut être pas "amusant ", mais le travail ce n'est pas toujours et tout le temps " amusant ".

Mais, dans ce poste actif donc prenant, et à l'évidence, évolutif... à votre âge vous auriez pu vous plaire, d'autant que vous n'y étiez pas pour toute la vie.

Vous vous plaignez ensuite, des personnes placées sous vos ordres, peut-être que si vous aviez fait " votre régiment ", comme presque tout les jeunes hommes de votre âge, vous auriez pu avoir une vision différente, vous y prendre autrement. En effet, c'est (c'était !) un moyen entre autres, de se " frotter aux autres ", peut-être pour la première fois. N'en parlons plus.

Sans doute, c'est vrai, du reste mon père m'a dit la même chose que vous.

C'est également, curieux ou un manque de chance, mais cela n'allait pas beaucoup mieux avec vos collègues, disons la hiérarchie.

Êtes-vous sûr, de vous y être bien pris avec eux ?

Heu ! non pas trop, mais avec mon niveau d'études, bac plus deux quand même, je pensais que je pouvais faire mieux qu'eux. Certains avaient commencé comme manœuvres, moi je suis quand même bac plus deux.

Je poursuis :

La belle affaire !

Pourtant ce que l'on attendait de vous, était somme tout assez simple.

Oui, vous avez raison, mais cela ne correspondait pas à ce que les profs nous avaient dit à l'I UT.
Moi, je pensais que j'allai diriger un dépôt, réfléchir, faire des études.

Jean-Jacques, vous me rendrez cette justice, pour ma part je ne vous ai jamais raconté d'histoires, souvenez-vous de ce que je vous ai dit, et souvent !

" Plus une technique est facile à maîtriser, plus les qualités humaines de celui qui la met en œuvre, sont déterminantes. "

Poursuivons. Puis, vous nous avez dit :

L'ambiance n'était pas terrible.

Il ne s'agit pas de faire votre procès mais, avouez que vous avez une part de responsabilité, dans ce climat.

Oui, c'est vrai... Mais je croyais que j'allais faire des choses plus intéressantes.

Quoi ?

Je viens de vous le dire, je ne sais pas trop, un peu de terrain, des études, peut-être de la recherche, donnez un peu de conseils.

Voyez, Jean-Jacques, c'est plus fort que vous, avec vous :
C'est toujours un peu.

Ah ! oui, c'est vrai, excusez-moi.

Mais vous n'avez pas à vous excuser, c'est comme cela, je pense simplement, et comme je vous trouve sympathique, je vous le dis : C'est dommage pour vous, voilà tout.

Je viens de vous le dire, il ne s'agit pas de vous couper la tête, mais d'essayer de mieux vous comprendre et je l'espère, de vous aider, pour vos futurs entretiens.

Donc, vous voulez faire, de la recherche des études, donnez des conseils, pas trop de terrain hein !

Cela, nous l'avons compris immédiatement, avec votre discours, il est plutôt marrant et digne d'un homme politique.

L'on dirait que vous parlez, comme l'on reproche aux énarques de le faire, malheureusement vous n'êtes pas énarque !

Personnellement j'ai trouvé votre discours plutôt marrant, je viens de le dire, mais, pas vraiment sérieux.

Vous êtes un sacré baratineur !

On a du vous le dire souvent ?

Non pas trop, sauf mon père.

Revenons à nos soucis, c'est la seule chose qui compte, pour nous.

Vous savez ici donc, nos besoins, comme ailleurs sont simples, nous voudrions être sûrs pas exemple, qu'il est utile d'acheter de nouveaux chariots élévateurs.

Pourquoi ?

Combien ? Et à quel prix.

Ce n'est pas difficile à calculer, pour cela, il y a des méthodes nous les connaissons, il ne faut pas se tromper, c'est tout mais cela nous occupe bien.

Car nous devons justifier, que nos demandes d'investissements seront acceptées par la Direction Générale et qu'elle ne va pas nous envoyer " au bain ", comme je suis en train de la faire avec vous, sans plaisir, croyez le, je le répète.

Nos patrons sont très près de leurs sous, cela se comprend, et pour eux, il plus facile de dire " non ", que " oui ", quand il s'agit de passer à la caisse.

Ils sont comme moi, en ce moment.

J'aurais préféré vous dire :

Nous allons voir, puis nous nous verrons à nouveau.

Lorsque nous nous connaîtrons mieux, lorsque nous aurons parlé de choses ensemble, nous parlerons de nos projets, nous verrons si cela colle, et nous conviendrons d'une période d'essai, qui nous permettra de nous connaître encore mieux.

Cela aussi, ce n'est pas compliqué, nous avons l'habitude.

Pour nous, il est important de ne pas nous tromper.

Si nous nous trompions, ce qui peut toujours arriver, nos patrons penseraient à juste titre, que nous ne sommes pas doués pour recruter, ce qui constitue, entre autres une part importante de nos responsabilités, et cela nous ferait du tort.

De plus, nous perdrions tous du temps, vous comme nous, pour vous ce n'est pas important, excusez moi de vous le dire, mais, pour nous, et surtout pour nos patrons ça ne l'est pas.

Le dernier point que nous avons abordé, concerne votre salaire, ce n'est pas rien. Mais, et vous venez de le comprendre hélas trop tard, votre réponse donne une curieuse image de vous.

Pourtant l'aspect salaire est très important pour vous.

J'ai noté :

Cela paye bien, c'est tout ce qui compte. La logistique cela gagne bien.

C'est une réaction normale, à mon avis, un peu fausse, n'est ce pas Pierre ? Sauf pour quelques uns.

Je vous comprends, moi aussi, je travaille pour gagner ma vie.

Mais ce n'est pas tout.

Nous avons bien entendu, une idée de ce que nous sommes prêts à vous verser, vous penserez forcément assez vite que ce n'est pas assez, c'est normal, et nous pourrions dans six mois revoir légèrement ou sensiblement cet aspect.

Mais vous bottez en touche en nous renvoyant la question.

Vous confirmez, hélas le flou dans lequel vous semblez vous complaire.

Si vous ne savez pas ce que vous valez, ici et maintenant, c'est à dire dans les conditions actuelles du marché du travail, pour quelqu'un comme vous, comment le saurions-nous ?

Pour vous, me dit Jean-Jacques : C'est facile de savoir, pas pour moi.

C'est vrai, mais la connaissance du niveau de rémunération de jeunes diplômés de votre âge ayant suivi tel ou tel cursus, fait partie intégrante, de votre course de fond vers l'emploi même si dans un premier temps elle n'est pas fondamentale, essentielle.

A mon avis, toujours, je peux me tromper, ce qui compte d'abord, c'est d'intégrer une entreprise, à un niveau de salaire normal, aux prix du marché, puis de négocier à nouveau, à la hausse six mois après l'embauche.

Faites attention, le recruteur, éventuel parle en salaire " brut."

Le salaire net, celui perçu par le salarié, est inférieur de 13 à 15 % du brut.

Eh bien, merci beaucoup Monsieur PEYREL, vous ne m'en voulez pas ?

Mais, non pourquoi, pourquoi voulez-vous que je vous en veuille, et de quoi ?

Je pense que vous avez toutes les qualités nécessaires pour trouver rapidement un emploi, et que vous y serez heureux, point qu'il ne faut pas négliger.

Soyez sûr en tout cas d'une chose, et d'une seule, si c'est la seule chose que vous devriez conserver de notre rencontre est :

LE TRAVAIL FINIRA TOUJOURS PAR VOUS RATTRAPER.

C'est une évidence, qui s'applique à tous les Jean-Jacques et aux autres, et surtout une excellente formule pour se remonter le moral dans les périodes " ou cela ne va pas ".

L'on a envoyé des dizaines de lettres, c'est qu'il faut compter, et l'on a en retour que des réponses négatives ou... Pas de réponses.

Le découragement n'est jamais loin, et c'est tout à fait compréhensible.
Nous verrons comment y céder le moins possible.
Nous avons tous, sans exception, connu de tels moments.

Ce qu'il faut se dire est que :

Le travail existe, et que s'il n'y a pas de méthodes infaillibles pour en trouver.

Certains comportements, au contraire, ont pour conséquence que cela prend beaucoup de temps pour, le trouver, ou le retrouver.

On me fait souvent l'honneur, ou l'amitié de me demander mon avis sur tel ou tel CV.

J'ai coutume de dire, qu'il n'y a pas de CV miracle.

Qui ouvrirait les portes des Entreprises avec des plans de carrière mirifiques assortis de salaires du même tonneau. (rappel)

Mais il m'arrive de relever une ou deux erreurs fatales, qui entraînent le CV, vers le fond de la corbeille à papier, sans espoir de refaire surface.

Pour donner la fin, heureuse, de mon entretien avec Jean-Jacques.

J'ai appris, par un de ses anciens condisciples que Jean-Jacques avait été effectivement rattrapé par le travail.

Fidèle à ses maladresses, il n'a pas cru bon de me le dire.

Mais de cela, comme de ce qui précède, je ne lui en veux pas, loin de là, il m'a fait cadeau de cette introduction qui, on le devine sera mon plan.

Globalement l'on abordera l'aspect oral de la recherche d'emploi, dans les titres I, II et III.

Puis d'autres moyens que le langage, c'est à dire le célèbrissime CV, échange écrit, qui nous retiendra moins longtemps que les échanges oraux.

Nous l'avons dit : par essence le CV d'un étudiant sortant du système scolaire est bref ! Il n'en est pas de même de celui d'un demandeur d'emploi d'une quarantaine d'années, mais l'un comme l'autre peuvent comporter des erreurs fatales.

Nous verrons d'autres aspects et comportements divers liés à la conquête de l'emploi.

Il n'y a pas de clés infaillibles, mais il y a, toujours, des attitudes, des comportements, qui mènent directement à l'échec ou augmentent et considérablement et inutilement les difficultés.

Certes l'on peut toujours faire compliqué alors que l'on pourrait faire simple, mais est ce bien raisonnable ?

On abordera donc :

Dans le Titre I : " La communication et les relations humaines " dont les principes généraux simples de la communication orale.

Puis, dans le Titre II : "L'entretien face à face "

Ensuite, toujours dans le domaine de la communication orale :

Le Titre III sera consacré aux : " Techniques de base de la communication "

Le Titre IV lui, traitera : " Des techniques élémentaires de la vente "

Dans le Titre V, l'on abordera, les "Techniques autres que celles de la communication orale "

Enfin, le titre VI présentera des " Exercices pratiques ainsi que des conseils divers"

Les hommes comme les lapins s'attrapent par les oreilles

Une réflexion qui touche au comportement de la personne, et essentiellement sur son mode de communication doit être pratique et donc éviter le genre didactique.

Dans le courant de la communication, nous nous laissons aller, non seulement dans nos paroles, mais également dans nos attitudes, notre façon de nous présenter, de bouger, ou simplement, ne nous habiller…

Il n'y a donc pas de recettes, affirmons-nous, ce n'est pas tout à fait vrai, il y en a. Elles constituent, précisément ce qu'il faut éviter de dire et de faire, nous le verrons.

Si recette il y avait, ce serait d'une part le premier pas vers la manipulation, et d'autre part ne garantirait pas l'efficacité.

Car, de même que l'on ne se baigne jamais deux fois dans le même fleuve, deux situations de relations humaines ne sont jamais identiques, et il faut s'en féliciter.

Les recettes, les trucs, donneraient un caractère artificiel au dialogue de nature à indisposer le ou les interlocuteurs, car, il n'y aurait plus dialogue, donc échange, mais monologue convenu, ne faisant pas longtemps illusion.

L'expression de cette pratique c'est le "jargonniseur" dont nous avons eu un exemple.

Quel baratineur !

Ce qui importe au bout du compte, dans les communications orales entre personnes, c'est l'état d'esprit, pour ne pas dire l'état d'âme.

Dans ce domaine, le changement de comportement, ne peut provenir que d'une réflexion intime, extrêmement personnelle.

Ce changement est difficile, demande du courage et de la volonté et, comme tel, ne sera mené à bien que si la personne en a ressenti l'utilité en situation vécue.

Elle ne s'attaquera à cet effort que si elle l'a décidé librement, non, si on le lui conseille.

Titre I Communication et relations humaines

Introduction

Chapitre 1 Principes élémentaires de la communication orale
§ 1 Définition de la communication
§ 2 Les éléments de la communication orale

Chapitre 2 Les difficultés de la communication orale
§ 1 Les personnes
§ 2 Le message
§ 3 Le canal

Chapitre 3 Améliorer la communication orale
§ 1 Les paralangages
§ 2 Le " feed back "
§ 3 Les effets du " feed back "

Titre I

COMMUNICATION ET RELATIONS HUMAINES

Introduction

L'être humain ne peut pas vivre, sans les échanges qui entretiennent à l'intérieur du corps, l'équilibre organique nécessaire à la vie.

De même, une société humaine, un groupe humain, ne peuvent exister sans échanges, sans relations entre les hommes qui les composent.

" Toute l'activité de l'homme consiste à transporter de la matière " (A Huxley)

A cette phrase, qui n'est excessive qu'en apparence, nous ajouterons et...

A transmettre de l'information.

La communication, base des relations humaines, est un fait interhumain fondamental.

" Elle est une des exigences fondamentales de l'homme, aussi essentielle dans son ordre que peut l'être la faim dans l'ordre physiologique "

(G. GUSDORF Traité de l'existence morale)

Dans notre société industrielle occidentale, l'on sait qu'un responsable passe 60 à 80 % de son temps à communiquer, c'est-à-dire : à lire, écrire, téléphoner, informer, commander, recevoir des ordres, dialoguer, participer à des réunions...

Et pourtant, que de malentendus, de dialogues de sourds, d'incompréhension !

Que d'énergie, de temps, de rendement perdu…

L'énergie, le temps, ce qui manque le plus, d'après beaucoup d'entre nous !

Tout naturellement la réflexion sur la communication, amène un rapprochement sur les activités de transferts de matière, d'échange au sens large, l'on parle de logistique.

Un produit avant d'être consommé, est en effet, manipulé plus de 40 fois du stade de sa production à celui de sa consommation.

Là aussi que d'énergie, de temps souvent perdus, faute de méthodes et de bon sens.

Y voir clair (un peu plus clair !), mieux résoudre les difficultés, prendre conscience que la communication n'est jamais parfaite, mais tenter de l'améliorer, c'est ce que nous, nous proposons d'aborder.

Chapitre 1 Principes élémentaires de la communication orale.

§ 1 Définition de la communication.

“ La communication est le mécanisme par lequel les relations humaines existent et se développent ; elle inclut tous les symboles de l’esprit avec les moyens de les transmettre à travers l’espace et de les maintenir dans le temps.

Elle inclut, l’expression du visage, les attitudes, les gestes, le ton de la voix, le télégraphe, le téléphone, et tout ce qui va jusqu’au tout dernier achèvement de la conquête de l’espace et du temps “.

(C COOLEY Social Organisation.)

Cette définition fait apparaître :

Que la communication est :

Le fondement existentiel de la relation humaine.

Car, la relation humaine se matérialise et s’affirme par le processus de la communication.

Qu’il existe des codes de transmission de la communication : mots, graphismes, images.

D’où, l’existence de moyens de transmission de la communication, c’est-à-dire le canal.

Dont, les paralangages : les attitudes, les gestes.

N’en déduisons pas, hâtivement et superficiellement, que la relation humaine est un produit ou un effet de la communication, bien au contraire, elle est le terrain sur lequel se développe la communication.

En effet, le message à transmettre et le code, utilisés présupposent la volonté d'établir des relations utiles et sincères entre les interlocuteurs c'est-à-dire une approche dépourvue de préjugés, faute de quoi toute compréhension est impossible.

Notons : Pour ce qui nous concerne, nous le verrons avec le CV.

Que, lorsque l'on n'a pas grand chose à écrire dans son CV, il faut PARLER !

§ 2 Les éléments de la communication orale.

Pour vivre et travailler ensemble, donc, pour se parler, il faut comprendre les mêmes choses de la même façon.

Il faut avoir un langage commun.

Si ce qui est blanc pour moi est noir pour l'autre, nous ne pourrons pas nous comprendre.

Ce langage commun existe-t-il toujours ?

Oui, pour les choses les plus simples, précisément celles que nous avons en commun avec tout le monde : J'ai faim, j'ai soif, j'ai mal, je suis content, cela se dit par gestes dans tous les pays.

Mais, au-delà de ces notions élémentaires ?

Ne disons nous pas : “Vous voyez ce que je veux dire ?” Dites le !

C'est à dire, lorsque l 'on ne se “parle plus par gestes “ mais que l'on utilise la parole, quels sont les éléments que nous mettons en œuvre ?

Ce sont :

L'émetteur.

Le canal.

Le récepteur.

Le code, il est commun à l'émetteur et au récepteur et permet d'assurer leur accord et leur ajustement réciproques.

Il ne faut pas en rester là.

L'échange, comporte des aspects subjectifs, il n'a pas la même signification pour l'émetteur comme pour le récepteur en raison de leurs dissemblances qui peuvent varier selon les moments.

Jouent un rôle également les situations inhérentes à la situation de chaque communication, elles sont souvent perturbatrices.

Ainsi, Jean-Jacques est totalement déstabilisé lorsque je lui annonce :

Nous ne travaillerons jamais ensemble.

Il entend ce que je lui dis, lors l'estocade dans un état second :

Il transpire, ses mains tremblent.

Il est sonné. K O debout !

Ces différents facteurs influencent les éléments objectifs de la communication, et peuvent amener des difficultés, voire l'échec de la communication.

Chapitre 2 Les difficultés de la communication orale.

“ Les hommes se parlent beaucoup mais s’entendent peu, et pourtant, ils…” (comme les lapins !)

Sans doute reconnaissent-ils assez couramment qu’ils ne partagent pas les mêmes opinions, et n’ayant pu se convaincre les uns les autres, ils restent sur leurs positions respectives.

Mais il n’est pas aisé, de leur faire admettre, qu’ils n’accordent pas aux mots un sens identique. En effet, il ne suffit pas de parler la même langue pour se comprendre…

“Il n’y a rien de plus tenace que l’illusion d’ouvrir la bouche, pour être compris d’autrui “

(A. JACOB “Qu’est ce qui parle le même langage?” - Revue Les Etudes philosophiques.)

Lorsque l’on cherche du travail auprès de quelqu’un qui a le pouvoir d’en donner, il est évident que la situation des deux interlocuteurs n’est pas rigoureusement identique.

Nous verrons qu’il est possible d’établir cependant un certain équilibre, qui mènera à l’accord.

Qui se traduira par :

Nous sommes convaincus, que notre intérêt commun est de travailler ensemble.

A ce stade, la communication est idéale : Le message émis reçu par le récepteur a la signification, qu’a voulu lui donner l’émetteur.

Mais, avant d’arriver au but : L’embauche.

Les difficultés sont nombreuses, qui tiennent aux personnes, au message lui-même, au canal de la communication nous en parlerons.

Auparavant, nous illustrerons le propos.

Travailler dans le même bureau, cela n'a pas du tout la même signification pour un homme et une femme, pour un jeune et un ancien, pour un cadre et un exécutant etc.

Un entretien n'a pas non plus la même signification pour Pierre et pour Paul, pour Jean-Jacques et pour moi !

Dans ces conditions comment parvenir à se comprendre ?

Tout dépend de la situation particulière dans laquelle se trouvent les hommes qui ont à communiquer.

Dans un service de comptabilité, deux employés parlant des factures impayées se comprendront, même, si, tout dans leurs origines ou leurs opinions, les sépare. Pourquoi ?

Il s'agit d'une situation connue, donc prévisible, standardisée, ou le langage entraîne une compréhension immédiate.

Mais voici que le travail fini, les deux employés se retrouvent dans la rue. L'un parle de son fils aîné, qui ne travaille pas, qui est dur à élever.

L'autre dit :

Ce serait mon fils, j'aurai vite fait de le dresser, moi.

Et le premier ne répond rien. Il sent bien à quel point son camarade ne le comprend pas.

Nous retrouverons ce cas de figure, lorsque nous parlerons des typologies des éventuels recruteurs.

Quand la situation n'est plus standardisée, c'est le cas tout spécialement des entretiens d'embauche, elle fait intervenir davantage la personnalité.

Le besoin de travailler, nécessité vitale.

Puis, les sentiments : La crainte de ne pas trouver de travail, de ne pas réussir, de ne pas trouver de plaisir à travailler, la rivalité avec les autres candidats etc.

Alors, la compréhension devient difficile, longue à obtenir.

Essentiellement pour deux raisons :

On ne mesure pas suffisamment à quel point l'autre est différent de soi-même.

ou :

On refuse de tenir compte de cette différence.

La cause la plus importante des malentendus et des mésententes, c'est notre disposition naturelle à nous faire à nous même, les demandes et les réponses :
Je sais ce qui est bien et mal.
Je sais ce qu'il faut dire, faire, penser, dans une situation donnée.

Pour moi, il ne peut pas y avoir d'autre façon.
Alors, à quoi bon écouter ce que l'autre veut dire, ce qu'il pense, lui.
Je le sais déjà… Je le connais bien.
Pourtant, chacun change, et peut agir différemment hier et aujourd'hui, selon les circonstances. A plus forte raison à six mois ou un an d'intervalle.
Si, je déclare :
Je ne veux pas le savoir.

Il me faudra accepter les conséquences de mon obstination, qui ne manqueront pas d'en résulter : l'entretien d'embûche !

Pour faire bref :
Nous n'écoutons pas totalement.
Nous n'entendons pas réellement ce qui est dit.
Nous n'écoutons pas d'abord, pour comprendre, mais d'abord pour juger.
Écouter les autres, pour mieux les comprendre, les entendre, pour mieux s'entendre, ce n'est pas être faible.

C'est au contraire une force rare, que nous pouvons largement développer.

§ 1 Les personnes.

La communication se déroule dans un cadre de référence.

C'est un ensemble d'opinions, de croyances, d'idées, de savoir, et également de normes et de valeurs.

Nous avons c'est évident, chacun notre cadre de référence à un moment donné.

Lorsque deux interlocuteurs sont prisonniers, chacun d'un système différent, nous disons : Qu'ils ne parlent pas le même langage, et l'incompréhension peut aller du malentendu… Au dialogue de sourds !

Les attitudes de la personne en situation de communication sont également variables en fonction du moment.

On peut en distinguer deux types :

Les attitudes envers autrui en général.

Elles concernent une attitude sociale, une conception des humains et de leurs rapports.

Ces attitudes tiennent au caractère, à l'expérience, à l'humeur, à la personnalité.

Et s'expriment dans le style général de la personne en situation de communication.

Les attitudes envers l'interlocuteur en particulier.

Elles sont façonnées par :

Les sentiments, la sympathie ou l'antipathie, qui peuvent être déjà acquis, si l'interlocuteur est connu.

Ou intuitifs, dans le cas d'un interlocuteur inconnu.

L'idée que chacun se fait de l'autre, à travers les préjugés, les stéréotypes, les opinions.

L'idée que chacun se fait de l'autre à son égard.

Cette attitude, est beaucoup moins généralisée.

Sont à prendre en compte également les rapports de rôle à rôle.

Ils concernent : Le " rôle social " que chacun d'entre nous est amené à jouer.

Cet aspect est à l'évidence essentiel lors d'un entretient visant à l'obtention d'un emploi.

Le rôle social, escamote les sentiments au profit de normes de conduite, qui s'imposent à chaque interlocuteur, et qui peuvent renforcer, modifier ou neutraliser les attitudes affectives.

C'est ainsi, que n'étant pas en situation de professeur, face à celui qui a été mon étudiant, mais, employeur éventuel, je ne l'interroge pas moi-même, du moins dans un premier temps.

Car, se souvenant qu'il a été mon élève, Jean-Jacques, va avoir tendance à reprendre une situation d'enseigné, alors qu'il n'est plus étudiant, mais demandeur d'emploi.

Ces normes de conduite, tiennent au conditionnement social qui emprisonne les personnes dans un corset d'obligations.

Ce qui se fait, qui se dit ou non, ce qui est convenable dans le milieu social considéré, la cité, la profession, l'entreprise.

On parle par exemple du " politiquement correct " et de la langue de bois, dont il a été rapidement question dans le " jargonnier " utilisé par Jean-Jacques.

Il ne faut absolument pas négliger l'état de préparation des interlocuteurs, cet aspect sera vu dans le Titre IV : Techniques de vente.

Chacun d'eux s'est plus ou moins préparé à la situation de communication qu'il va vivre.

Il a recueilli des informations préalables, il a reçu des consignes.

Il se fait une image ou une idée de l'effet à produire, ou du résultat attendu de la communication.

Il en résulte des choix, qui portent non seulement sur le moment et le lieu de la communication, mais aussi sur le code employé par l'émetteur et le récepteur qui utiliseront un langage persuasif, autoritaire ou technique.

Ce que chacun sait, ou imagine, de la personnalité de l'interlocuteur ou des ses opinions détermine également des attitudes, des comportements pris - a priori - qui auront une influence sur la communication.

§ 2 Le message.

Les qualités du message, qui faciliteront l'entretien d'embauche éventuel, ou ses défauts, qui conduisent à l'entretien d'embûche garanti, interviennent, dans la réussite ou l'échec de la communication.

Pour que la communication passe, il faut qu'émetteur et récepteur utilisent un code commun.

Il constitue leur langage.

L'utilisation de mots savants, techniques ou étrangers ignorés par l'interlocuteur, gêne la compréhension du message.

L'interlocuteur ne peut, décoder ou décode, de façon erronée, la partie du message constituée pas ces mots.

Au mieux, le message est reçu incomplet, au pis, il est complètement faussé si le récepteur invente une signification aux mots inconnus.

La forme peut rendre un message plus facile, ou plus difficile à comprendre.

Ainsi, des phrases trop longues, accumulant les subordonnées ou les incidentes, exigent une attention accrue, font perdre le fil du message.

§ 3 Le canal.

La parole, n'oublions pas le ton (au téléphone, entre autre!) que l'on utilisera lors de la chasse à l'emploi.

Est le canal par définition, de la communication orale, cela va sans dire, mais pas plus mal en le disant.

D'autres canaux, dont l'écriture sont à maîtriser, pour la recherche du travail, ainsi que les paralangages, dont il sera question plus loin.

Coexistent, pour la chasse à l'emploi, avec leurs avantages et inconvénients, ils sont tous utilisés.

Le style y change de l'un à l'autre, avec des contraintes qui vont peser sur le codage et le décodage.

La parole, par exemple, ne permet pas la ponctuation: Guillemets, parenthèses.

En revanche, elle permet d'utiliser le ton de la voix, ce que ne permet pas l'écriturc!

La fidélité du canal qu'il soit oral ou écrit, n'est pas toujours garantie.

La transmission orale peut être perturbée par des bruits, ainsi que par toutes formes de brouillages: Troubles de la parole, accent, émotion.

Nous pensons avoir bien entendu, avons nous écouté?

Et qu'avons-nous compris?

Avec l'écriture.

Nous pensons, avoir lu attentivement un message, or nous n'avons fait que de le parcourir car, là aussi, interviennent des perturbations, dont principalement le sens très personnel que nous donnons aux mots.

En résumé, le message, objet de la communication, dépérit à travers toutes ces difficultés.

Comment minimiser la déperdition ?
C'est à dire, augmenter l'efficacité de l'entretien ?

Nous disposons de trois outils :

Les paralangages.
Le " feed-back ". Il nous retiendra, un certain temps.

Et plus étonnant, puisque l'on parle (c'est le cas de le dire !) de communiquer, nous avons à notre disposition, un moyen de communication d'une rare efficacité :
Le silence.

Ce sont les points que nous allons aborder.

Chapitre 3 Améliorer la communication orale.

§ 1 Les paralangages

“ Lorsque nous parlons à quelqu’un ou à un groupe, ce que nous disons s’accompagne de tout un ensemble de signes non-verbaux : mimiques, signes de tête, expression du visage, regards, gestes, postures, ton de la voix…

On appelle paralangages, l’ensemble de ces signes non verbaux qui constituent une signification supplémentaire accompagnant - au sens musical - celle du message verbal, et plus ou moins en synergie avec lui.” (R. MUCCHIELLI. Communication et réseaux de communication.)

Ainsi, la présentation physique, d’un interlocuteur nous suggère des impressions favorables ou défavorables.
L’allure générale, le maintien, l’habillement influencent - a priori - notre perception de sa personnalité, de ses dispositions d’esprit.
Les démarcheurs à domicile connaissent l’importance de cette première impression, pour obtenir un résultat positif, et, sans rapport avec ce qui précède… Les escrocs y font attention également !
Il avait l’air d’un honnête homme...
J’ai eu confiance, il avait la légion d’honneur...

L’expressivité corporelle :
Elle est caractérisée par la gesticulation et les mimiques.
Et, est d’une intensité différente, selon les individus.
Les “ latins “ par exemple, ont l’habitude de “ parler avec les mains “.
D’autres, sont qualifiés de “ taiseux “.

Les mimiques du visage :
Renforcent le contenu parlé du message et vont parfois jusqu’à le remplacer : mimiques d’étonnement, d’ignorance, de doute, de crainte, de

dégoût… Je ne dis rien mais je fais la moue, je lève les yeux au ciel.
L'expression des yeux, l'éloquence du regard, sont déterminants.
L'on entend dire :
Il, ou elle, a un regard qui en dit long !

Ils traduisent les sentiments éprouvés envers l'interlocuteur ou la situation vécue : sympathie, antipathie, soumission, défi…

Pensons à… la chaleur d'un sourire.

Lorsque l'expression des paralangages est spontanée, en accord avec les sentiments et le caractère en concordance avec le contenu verbal du message, elle a un effet " clarificateur " et " renforçateur ".
Je pianote volontairement ou non, des doigts sur mon bureau.

Les paralangages, agissent comme une redondance d'un type spécial.

En revanche, s'ils sont utilisés comme des trucs, de façon volontaire et calculée, ils sonnent faux.
Et l'interlocuteur est désagréablement impressionné, voire désorienté.
Il est des sourires qui ne sont que des grimaces.
Le paralangage, peut également démentir le langage oral, je vous dis que je ne vous déteste pas, mais si mes yeux étaient des mitraillettes vous seriez mort.

Nous le verrons longuement… Le silence est d'or.

§ 2 Le " feed back ".

Définition :

Littéralement, " feed back " signifie " rétro action", c'est-à-dire information en retour.
Constitue un " feed back ", tout ce qui peut renseigner l'émetteur sur la façon dont le récepteur a perçu le message.

L'on pourrait dire qu'il s'agit d'une information "secondaire" ayant trait à la communication du contenu du message, considéré lui comme " information primaire".

Le " feed back ", peut se comprendre de la façon suivante :

Je viens de vous transmettre une information, qu'avez-vous compris ?

Voulez vous avoir l'amabilité, de me dire ce que vous avez compris.

Qui dit " émission ", dit information, mais pas forcément communication.

Bien souvent, l'émetteur ne sait rien des conditions de réception, de l'intelligibilité du message, des réactions du récepteur.

On est alors dans le domaine du " bruit ", c'est ce que nous " entendons " à la radio, que nous " devinons " à la Télévision… ! Sans la regarder.

Or, la communication implique échange, réciprocité, inter-relation de deux ou plusieurs personnes.

Le " feed back " est donc une des opérations essentielles de la communication, et il doit être recherché dès que possible à l'occasion des échanges, quand bien même nous sembleraient-ils insignifiants.

Alors que je travaillais dans une entreprise de transport routier, l'on m'a raconté l'histoire suivante. Je la sais authentique.

Pierrot, le routier sympa téléphone :
— Je suis à Auxerre, j'ai plus de gasoil !

La verdeur, relative, des propos confirme l'authenticité de l'histoire.

Qu'est ce qu'il fout à Auxerre, ce con de Pierrot ?
— Qu'est ce que tu fous à Auxerre ?
— Ben, je vais à la Gare de Lyon !
— Quel est l'ahuri, qui a dit à Pierrot d'aller à Lyon ?
— C'est moi, dit étonné, l'un des employés du bureau.

— Tu lui as dit quoi ?
— Tu vas au dépôt du SERNAM à la Gare de Lyon, tu trouveras facilement, il y a un grand panneau.

Et Pierrot au lieu de se rendre dans le douzième arrondissement, s'est engagé sur l'autoroute du Sud.

Il n'y a pas de message insignifiant.

J'allais oublier de vous le dire.

Pierrot a fini par revenir à Paris !

Un moyen entre autres, d'assurer une bonne communication : Avoir toujours en tête la crainte de devoir se consoler d'un échec de communication en se disant :

“ Celui que je n'ai pas convaincu devient vite un sombre imbécile “

En effet, nous sommes généralement très bienveillants, avec nous même.
Persuadés d'avoir correctement communiqué, il nous arrivera également de nous dire :
Pourtant je lui avais bien, dit !

A Pierrot : d'aller Gare de Lyon.

La pratique attentive du “ feed back “, peut permettre d'éviter cet aveu d'échec de la communication : Je lui avais bien dit !

Les formes du feed back

L'on distingue :

L'interrogation de contrôle de l'émetteur.

Elle consiste à constater l'écart entre le contenu du message, et ce qui a été enregistré et mémorisé par le récepteur.

C'est une méthode "scolaire ", qui fait appel à la mémoire, non à la compréhension du récepteur.

C'est pourquoi il faut, se méfier de la question :

Avez-vous bien compris ?

L'émetteur dans cette hypothèse, ne peut pas en effet savoir ce qui a été compris.

Il y a eu "une " compréhension, mais quel est le contenu du message reçu ?

Les questions posées au récepteur.

Cette technique est souvent employée par les conférenciers qui sollicitent, en fin d'exposé, des questions de la part des auditeurs.

Elles permettent à l'orateur, de clarifier des points obscurs, de rectifier des malentendus, de développer, une pensée plus concise.

La reformulation par le récepteur, peut être une reformulation reflet ou une reformulation de clarification :

La reformulation reflet, ou " miroir ", consiste à refléter l'information donnée par l'émetteur.

Elle peut être systématique, voire obligatoire, c'est une méthode très utilisée pour les communications militaires.

Je vous reçois cinq sur cinq. Clair et net.

Cela ne signifie pas, que le sens du message, a été compris, mais uniquement qu'il a été bien entendu. Il en est de même pour les messages " dictés " par téléphone.

Seule la forme du message est confirmée, pas le fond.

Comment me recevez-vous ?

L'émetteur n'a aucune information, sur la façon dont a été compris le message.

La reformulation reflet - qui utilise d'autres termes - considérés comme équivalents par l'émetteur est bien plus efficace, car, elle permet à l'émetteur de mesurer le degré de compréhension du message.

La reformulation-clarification.

Est plus complète, que la reformulation reflet, elle consiste à mettre en lumière et à renvoyer à l'émetteur le sens même de ce qu'il a dit.

La clarification est l'aspect à la fois le plus difficile et le plus efficace de la reformulation.

Elle doit viser à l'essentiel, elle suppose donc une intuition fine de la part du récepteur.

Ainsi comprise, la reformulation constitue un fait interhumain fondamental.

Elle nécessite de se mettre moralement et affectivement à la place de " L 'Autre ".

§ 3 Les effets du " feed back ".

Cet aspect est bien entendu le point important.

Nous visons des effets bénéfiques, qui portent autant sur l'émetteur du message, que sur ses interlocuteurs.

Effets sur l'émetteur :

Pour que le " feed back " produise des effets, il faut que l'émetteur soit soucieux du récepteur, qu'il ne le taxe pas d'inintelligence, d'incompréhension, ou de mauvaise volonté.

Nous l'avons dit plus haut, avec deux exemples d'échec :

Celui que je n'ai pas convaincu... et : Pourtant, je lui...

Sans commentaires.

Ce qui implique, la capacité à se remettre en cause, particulièrement de changer sa manière de communiquer.

Si les conditions sont remplies, il est possible d'espérer que l'on obtiendra d'abord la perception des obstacles à la réception, puis les obstacles ayant disparus, pour tout ou partie, il faut savoir rester... Modeste et prudent.

L'on obtiendra une meilleure connaissance du récepteur, de sa personnalité, de son niveau, et de ses aptitudes.

Ce qui facilitera, l'ajustement du message et l'on gagnera en efficacité.

Effets sur les interlocuteurs :

Ils peuvent se résumer de la façon suivante :

Nous nous sommes compris.
Nous ne travaillerons jamais ensemble... Et voici pourquoi.

Jean-Jacques répond :
— Merci beaucoup, Monsieur PEYREL. Vous ne m'en voulez pas ?
— Mais, non, pourquoi, voulez-vous que je vous en veuille et de quoi ?

La communication étant assurée de façon fiable, l'on peut espérer la diminution des appréhensions, des incertitudes, des doutes.

En conséquence, une augmentation de la sympathie et de la confiance réciproques.

D'où une facilitation des communications ultérieures par l'apprentissage mutuel des codes, des normes, des rôles...

Et en conséquence, une augmentation de la propension à communiquer.

Nous avons déjà rencontré cette phrase :
Vous voyez, ce que je veux dire c'est le même problème que celui de la semaine dernière.

Nous utilisons le verbe “ voir “, pour signifier que nous avons la même image, la même interprétation.

Nous, nous parlons sans mot dire !

Avant d'aborder : " L'entretien face à face ", qui est la forme la plus courante des entretiens d'embauche, quoique certains se déroulent en groupe, comme une compétition, l'on fera la synthèse de ce qui vient d'être vu.

Nous avons souligné combien la communication est une exigence fondamentale de l'homme.

Les animaux peuvent se transmettre des signes et des sons.

Mais seuls les humains, peuvent communiquer authentiquement, car seuls eux peuvent participer à ce que ressent l'Autre et s'identifier à lui.

Notre interlocuteur est une personne humaine, extérieure à nous, autonome, riche d'un passé, c'est à dire d'un " vécu " antérieur, d'une expérience qui lui est propre.

Comme nous, il a une pensée et des activités personnelles respectables comme les nôtres... Mais différentes.

Seul, un effort, dont il ne faut pas se cacher la difficulté, pour nous mettre " à sa place ", en sachant que nous n'y serons jamais, va nous permettre d'organiser la communication pour que notre interlocuteur nous comprenne.

Et nous, de le comprendre encore mieux !

Sous le seul angle de l'efficacité, sachons bien que la qualité de la communication dépendra du niveau de notre disponibilité, de notre " empathie ".C'est à dire la connaissance de l'autre, en particulier dans son cadre social, ou du moins l'effort de compréhension allant dans ce sens, en faveur de l'Autre.

Comprendre le point de vue de l'interlocuteur, ne veut pas dire le partager.

Faire comprendre le nôtre, ne signifie pas nécessairement le faire admettre.

Pourtant, quel pas en avant, serait déjà cette compréhension réciproque !

Comme il serait facile alors, de recenser les points d'accords puis de faire une analyse objective des points de désaccord.

D'aucuns croient qu'il s'agit là, d'une règle du jeu, qui ne peut être pratiquée qu'avec un interlocuteur également informé et formé.

Nous pensons au contraire que les types d'attitudes et de comportements que nous suggérons, assortis de techniques vont induire chez l'autre une certaine réciprocité, et améliorer, la communication qui nous relie à lui.

La reconnaissance de l'autre comme personne humaine, est la clé d'une communication authentique.

Tout homme m'est supérieur en quoi que ce soit, et je peux toujours m'instruire à son contact.

Titre II L'entretien " face à face "

Chapitre 1 Caractéristiques de l'entretien " face à face "

§ 1 L'environnement
§ 2 Les comportements des interlocuteurs.
§ 3 Le déroulement de l'entretien " face à face "

Chapitre 2 Les attitudes lors d'en entretien " face à face ".

Titre II L'entretien " face à face "

Ce que nous venons de voir autour de la communication, doit nous permettre de mieux participer aux entretiens, dont, celui d'embauche.

Nos entretiens sont de nature très différente, suivant le but visé :

Lors de l'embauche, mais également, dans la vie professionnelle, la vie commerciale... Les relations sentimentales, dont familiales, la " Vie "...Quoi !

En effet, nous sommes en relation d'entretien chaque fois que nous sommes en relation de communication verbale avec quelqu'un.

La nature de l'entretien varie avec son objectif

Pour clarifier les idées, l'on distingue trois buts généraux auxquels se rattachent tous les types d'entretien :

Informer.
Recueillir des informations.
Motiver, c'est-à-dire agir sur les sentiments, ou les comportements de l'autre.

Il est bien rare, qu'un entretien ait uniquement l'un de ces trois buts, généralement l'un des trois est dominant mais ils peuvent coexister, ce qui est le cas lors des entretiens d'embauche.
Pour les partenaires, il s'agit en effet de s'informer mutuellement, d'obtenir des éléments liés, à leur " savoir ", et à leur "savoir-faire" respectifs, et apprendre à commencer à se connaître humainement.

Une meilleure connaissance des caractéristiques de l'entretien, des attitudes en situation de communication, et des techniques possibles, permet d'atteindre l'objectif: Se comprendre.

Dans l'entretien d'embauche, les moyens sont largement ouverts.
De plus nous savons, ou nous allons, et pourquoi.
Le climat est favorable.
Ceci, constitue un avantage, qu'il faut impérativement exploiter.

Notons qu'il en est de même pour un entretien dit " galant ".

L'entretien d'embauche et l'entretien " galant " ont le même objectif : Faire une conquête.

Chapitre 1 Caractéristiques de la situation d'entretien " face à face"

§ 1 L'environnement

Le lieu, le moment, ou se déroule l'entretien, ont une influence sur son déroulement et son efficacité.

Un entretien avec un supérieur hiérarchique n'est pas de même nature, au restaurant d'entreprise, ou dans son bureau.

Le climat, l'ambiance, les mots échangés et la manière de les échanger, ne seront pas les mêmes. Le résultat, sera peut-être identique, à terme, une promotion ou une orientation de carrière, mais l'on ne se parlera pas de la même, façon, ni sur le même ton.

— C'est l'ami qui te parle.
N'a pas le même sens que :
— Tu sais, le Directeur Général m'a demandé de te dire.

De même :
— On a parlé de toi avec des collègues...
— Tiens, j'ai vu Gérard, on a parlé de ton problème, il va nous téléphoner, on mangera ensemble, entre nous...
— Si j'étais ton père...

Ne sonne pas comme :
— Tu prends des risques, je ne pourrai pas te suivre. Fais gaffe !

Les positions respectives des interlocuteurs, ont, nous venons de le voir, également leur importance.

Être situé plus haut ou plus bas, dans une hiérarchie, que l'interlocuteur, induit un sentiment de supériorité ou d'infériorité.

D'autres facteurs que la situation dans la hiérarchie, ont également une influence.

Ainsi, Mussolini, qui avait, la première place dans son propre système hiérarchique, ce qui présente quelques avantages, tant que cela dure, était particulièrement petit.

Il y a des choses que l'on ne commande pas.
Notons, que les " grands hommes " sont souvent petits !

Mussolini, donc, avait fait installer son bureau sur une estrade, face à des fauteuils profonds d'où ses visiteurs, avaient, on le suppose, du mal à s'extraire !
Il s'agit d'un exemple, je n'ai pas eu l'occasion en dépit de mon âge, d'être reçu, et à quel titre ? Par Mussolini !

Ceci pour confirmer, comme l'affirme l'humoriste :

Que plus cela ira, et moins l'on aura de chances de rencontrer des hommes qui ont connu Napoléon Premier vivant. (Napoléon, était également petit)

Fermons les parenthèses, en retenant que dans les entretiens, dont, en particulier, ceux d'embauche, les parenthèses sont fréquentes, et ont leur importance.

Quelques mots sur ce point :

Nous pouvons avoir l'impression que les interlocuteurs, s'éloignent du sujet : Ce n'est qu'une impression, ils continuent à essayer de se connaître.

— Et vous allez, au cinéma souvent ?
— Ah ! bon, et quel film avez-vous vu récemment ?

A quoi pense le recruteur ?

Que se dit-il intérieurement ?

“ Si je dois travailler avec ce candidat, et que son seul sujet d’intérêt porte sur la seconde mi temps du match de foot Perpezac Le Blanc contre Noeux Les Mines, à six heures du matin à Orly. Cela va être dur dur ! ”

La question, et la réponse, ne sont pas neutres.

Le moment de l’entretien :

Nous avons vu, que Jean-Jacques me dérangeait en n’arrivant pas à l’heure prévue.

Le non-respect du moment décidé par les partenaires peut gêner plus ou moins l’un des interlocuteurs.

Ne pas respecter l’horaire convenu, c’est faire preuve de “ sans gêne “.

L’histoire le confirme : L’exactitude est la politesse des rois.

Une rencontre, en début de journée, de semaine, n’aura pas la même tournure, qu’un rendez-vous un vendredi en fin d’après-midi, décroché à la dernière minute auprès de quelqu’un qui part en week-end.

De même,

— Venez vers les midi, nous déjeunerons ensemble.

N’a pas le même sens que :

— Ne soyez pas en retard, s’il vous plaît, j’ai un autre rendez-vous après le vôtre !

Cela ne signifie, que le rendez-vous accordé, a moins d’importance que le rendez-vous qui y fera suite, simplement, ils s’inscrivent l’un et l’autre dans un emploi du temps.

La durée de l’entretien :

Elle permettra, ou non, une communication efficace.

Nous avons tous connu des interlocuteurs qui manifestent, plus ou moins discrètement leur impatience parce qu’ils n’ont pas dégagé suffisamment de temps pour l'entretien.

Ou, que l'entretien dure plus longtemps, qu'il était prévisible, soit en raison de son intérêt, ce qui est positif, soit, ce qu'il l'est moins, en raison de son inutilité évidente !

Ceci, pour des raisons diverses et variées, qu'il convient de respecter.

Par politesse, l'interlocuteur importuné, ne dira rien, mais il peut aussi s'il est en position hiérarchique, ou de force, ce qui revient au même, dire :

Cela suffit, vous me faire perdre mon temps, prononcé sous une forme ou une autre.

Ce qui va clore l'entretien, plus ou moins définitivement.

Pour le "sans gêne", éconduit, il sera nécessaire, lors du prochain entretien, s'il a lieu, de reconquérir le terrain perdu.

Ces points seront abordés à nouveau, dans les "penses pas bêtes " de la recherche de l'emploi. (Titre V et VI)

§ 2 Les comportements des interlocuteurs

Nous avons vu à propos de la communication, l'importance du rôle social qui nous conduit à adopter des comportements types.

En effet, le groupe social d'appartenance d'un des interlocuteurs suscite chez l'autre des opinions "stéréotypées".

Ce phénomène est bien connu de certains vendeurs qui se font passer pour membres du même groupe d'appartenance que leurs clients potentiels :

Sport, politique, religion…

J'ai eu vos coordonnées par notre ami commun !

Machin !… Machin ? Qui ?

Vous qui aimez la littérature !

Ah bon !

Certes, mais pas au point d'acheter quinze volumes, sur la peinture serbo-croate au Moyen-Age.

Lors d'un entretien d'embauche, les jeux semblent particulièrement définis.

Mais ce ne peut être qu'une apparence, le savoir, et surtout s'y préparer sont un excellent moyen d'aboutir au succès.

Il y a d'autres moyens pour réussir.

§ 3 Le déroulement de l'entretien "face à face"

A ces caractéristiques " statiques " de l'entretien, il faut ajouter, son déroulement lui-même.

En effet, c'est au cours de l'entretien que chacun façonne son opinion sur l'autre, se fait une idée de l'opinion de l'autre à son égard.

Les comportements s'en trouvent ainsi modifiés.

Au début je ne l'ai pas trouvé sympa, à la fin, je l'ai trouvé intéressant.

Lorsqu'il a commencé à parler technique, il a été meilleur.

Pour le baratin, il (elle! moins en général!) Il est de première, mais techniquement, il n'y connaît pas grand chose.

Et puis le foot... Toujours le foot!

Comment se caractérisent verbalement les attitudes du comportement en situation d'entretien?

Et quels sont les effets de ces attitudes?

Ces points feront l'objet du chapitre suivant.

Chapitre 2 Les attitudes lors d'un " face à face " et leurs effets.

L'on distingue 7 grandes catégories d'attitudes, qui caractérisent les réactions verbales d'une personne en situation d'entretien :

Décision.
Évaluation.
Soutien. Encouragement.
Enquête.
Interprétation.
Information.
Compréhension.

Ces attitudes sont prises par la personne sous l'influence de son comportement du moment.

Le sujet même de l'entretien peut induire une ou plusieurs attitudes particulières qui varient, et n'ont pas la même intensité.

Nous allons les aborder, en les illustrant par des exemples pris dans l'entretien avec Jean-Jacques.

Attitude de décision :

Elle impose, avec une certaine autorité, ou suggère, en ignorant l'interlocuteur, une solution à son problème.

C'est plus qu'un conseil qui est donné, l'interlocuteur se sent obligé de se rallier à l'opinion émise.

Elle induit donc chez lui :

L'impression d'être éconduit, ou, au moins, mal compris, ce qui peut amener une rupture de l'entretien.

Et l'impression, pour l'interlocuteur qu'il n'y pas d'autres solutions, pour lui, que celle qui lui est présentée, d'où un sentiment de dépendance vis-à-vis de l'autre.

Nous ne travaillerons jamais ensemble.

J'ai parlé " d'estocade ", pour moi, l'entretien est terminé, mon interlocuteur a eu ses chances, il a épuisé son crédit.

Continuez la discussion, n'apporterait rien.

Je pourrai ajouter :

Voilà ce que vous allez faire !

Mais dans la mesure, ou l'on ne me demande rien, pour moi : "La messe est dite ". Je m'abstiens.

Par contre, je peux espérer, que l'échec que vient de connaître Jean-Jacques lui servira de leçon.

Cette leçon vaut bien un fromage.

Dans l'entretien d'embauche, pour la recherche d'un premier emploi, l'attitude de décision ramène le demandeur à une situation familière, celle de ses contacts parentaux :

Mon père me parle comme vous !

Attitude d'évaluation :

Elle est proche de l'attitude de décision.

Elle consiste à porter un jugement de valeur, dans un cadre de référence étranger à l'interlocuteur.

Elle induit chez lui, des réactions qui peuvent aller du blocage à l'angoisse, en passant par la culpabilité, la révolte ou la justification agressive.

Ce n'est pas très malin de se faire réformer !

Cette phrase n'a pas été prononcée, mais, ce qui revient au même.

Pierre a dit, sans doute avec un sourire (paralangage) qui ne trompe pas :

Pour vous faire réformer, cela a du être presque aussi long que d'effectuer votre service militaire.

Attitude de soutien, d'encouragement :

Cette attitude vise à "consoler " l'interlocuteur, en minimisant l'importance du problème qui se pose à lui.

Cette attitude consiste à donner à autrui, les moyens qui lui manquent pour réaliser ce qu'il désire, sans chercher à analyser vraiment son problème, ni lui imposer une autre solution.

Elle induit suivant sa personnalité :

Le désir de conserver cette bienveillance, d'où un sentiment de dépendance.

Ou l'hostilité par une réaction de contre-dépendance.

Vous avez raison, " bac plus deux " c'est pas mal, mais sans plus.

Vous voulez poursuivre vos études, c'est une bonne idée, mais dans quel but ?

L'encouragement, dans notre exemple, est exprimé par la maxime :

Le travail toujours finira par vous rattraper.

Qui clôt l'entretien.

Attitude d'enquête :

Dans cette hypothèse, l'on tend à rechercher des renseignements complémentaires, qui visent à conforter le sujet de l'entretien.

Elle peut entraîner dans certains cas, un sentiment d'hostilité face à ce qui est perçu comme une curiosité déplacée ou comme un jugement implicite :

Allons, allons, vous n'avez pas vu l'essentiel.

Traduit le ressenti de l'interlocuteur qui se pense agressé.

Cela ne vous pose pas de problèmes, à votre âge d'être encore à la charge de vos parents et que votre amie qui, elle, travaille ?

Cette remarque, accompagnée d'une petite moue ou d'un œil "qui frise " exprime à la fois enquête, et jugement implicite.

Attitude d'interprétation :

Elle consiste à traduire ou à expliquer l'information reçue, à partir de références personnelles.

Elle apporte généralement une distorsion à l'intention qu'avait l'interlocuteur.

Celui réagit alors, souvent par une réponse rectificative.

Si cette attitude est répétée au cours de l'entretien, elle peut induire chez l'interlocuteur :

Un désintérêt pour l'entretien.
L'hostilité.
Un blocage.
L'ambiance n'était pas terrible.

Nous avons compris, que Jean-Jacques ne se plaisait, pas dans son "dépôt pourri dans une zone industrielle paumée ".

Notre interprétation, est bonne, l'interlocuteur confirme :

Vous pouvez le dire.

Attitude d'information :

Cette attitude, vise à donner des éléments qui manquent, ou dont on suppose l'interlocuteur démuni.

Il peut alors, ressentir cet comportement comme une aide ou comme une interprétation si l'information est totalement extérieure à ses préoccupations.

J'imagine que vous aviez la responsabilité ?

Pourquoi ?

Attitude de compréhension :

Il s'agit, de faire comprendre à l'interlocuteur qu'il a été compris, que l'on a "pensé avec lui " et non pas seulement à lui.

Que l'on s'est " mis à sa place ".

Elle se traduit par la reformulation dont il a été question, avec le " feed back".

Mais pourquoi, voulez vous que je vous en veuille, et de quoi ?

Je pense que vous avez toutes les qualités pour trouver rapidement un emploi,

Et que vous y serez heureux, ce qu'il ne faut pas négliger.

Une telle attitude induit :

Un sentiment de soulagement chez l'interlocuteur.

Ainsi qu'une augmentation de l'intérêt pour le sujet de l'entretien.

Un effet de relance, appelé " effet tremplin", l'interlocuteur étant alors entraîné, à expliciter davantage ce qu'il a à dire.

Globalement l'effet est évidemment bon, l'on en retire une meilleure compréhension de soi-même au motif, que l'on a été reconnu et accepté par l'autre.

Avant de conclure, pour autant qu'il soit possible de le faire en matière de communication, sauf à présenter les attitudes qui mènent à l'échec !

Nous présenterons un autre exemple de l'évolution des dialogues selon l'attitude retenue

Phrase de départ. Déclaration initiale :

Je suis bien ennuyé, je sens qu'il faut faire quelque chose, sortir de là, mais ce travail qu'on me propose est odieux : c'est au-dessus de mes forces. Je voudrais pourtant faire quelque chose. Je suis bien ennuyé.

Cette phrase de départ, peut entraîner les réponses suivantes :

Attitude de décision :

Vous devez en sortir. Vous voyez bien que la voie est toute tracée, il faut accepter ce travail !

Attitude d'évaluation :

C'est parce que le sentiment du devoir, et une répugnance naturelle à certaines tâches s'opposent en vous, que vous avez cette hésitation.

Attitude de soutien, d'encouragement :

Il ne faut pas vous décourager. Après vos dernières épreuves, il est normal que vous soyez un peu désemparé. Vous n'êtes pas le premier dans ce cas, mais vous surmonterez cela très vite.

Attitude d'enquête :

Quel est ce nouveau travail que l'on vous propose? Et pourquoi le trouvez vous odieux?

Attitude d'interprétation:

Vous vous laissez aller, somme toute à mettre votre devoir en balance, avec une répugnance purement sentimentale.

Attitude d'information:

Je connais un cas du même genre. Il est arrivé à peu près la même chose à mon beau frère.

Attitude de compréhension:

Vous êtes perplexe, d'une part vous ressentez la nécessité d'un travail, et d'autre part, le seul travail que l'on vous offre actuellement vous répugne.

Conclusion sommaire

Nous voyons tous les effets bénéfiques de l'attitude de compréhension par rapport aux autres attitudes.

Mais il faut ne pas en déduire qu'elle est "meilleure " que les autres.

En effet, les attitudes traduisent le plus souvent des comportements liés au rôle social ou au groupe d'appartenance.

Mais, il est certain que, selon l'attitude adoptée par l'émetteur " la zone de liberté " du récepteur est plus ou moins réduite.

L'évolution du climat s'exprime de la façon suivante :

L'entretien va évoluer de la zone d'autorité de l'émetteur vers la zone de liberté du récepteur.

Zone d'autorité de l'émetteur... Décision, Évaluation, Soutien, Encouragement, Enquête, Interprétation, Information... Compréhension... Zone de liberté du récepteur.

Titre III Les techniques de base de la communication orale

Chapitre 1 Les questions

§ 1 Généralités sur les questions
§ 2 Question ouverte. Question fermée
§ 3 L'accueil des réponses aux questions

Chapitre 2 Reformulation et silence

Titre III Les techniques de base de la communication orale

L'on abordera maintenant, les moyens dont nous disposons pour attraper les hommes comme les lapins.

Il n'y a pas de " trucs " infaillibles comme dans la prestidigitation, (déjà dit) sauf pour réussir... un échec !

Pas de recettes miracles, pour gagner à tous les coups... Mais, il convient cependant de maîtriser un certain nombre de techniques qui ont le mérite de la simplicité et donc sont efficaces.

Pour interroger oralement, nous posons des questions, les réponses, passent le plus souvent par définition, par le langage et les paralangages, mais également par le silence.

Chapitre 1 Les questions

N'oublions pas l'objet du manuel : Réussir un entretien, pour obtenir une embauche et éviter une embûche, l'on parle également dans ce cas : de traquenard, de piège.

Bien sur, l'entretien d'embauche n'intervient pas seul dans le parcours qui mène à l'emploi, nous verrons plus loin que d'autres épreuves doivent être réussies.

Ce qu'il convient d'avoir en tête à notre avis est :

Qu'il n'y a pas de pièges systématiques dressés par l'offreur d'emploi, il cherche simplement à se renseigner.

D'ailleurs, pourquoi perdrait-il son temps ? Par sadisme, pour faire son Intéressant... Montrer son pouvoir ?

Éliminons ces hypothèses.

Le chasseur d'emploi n'est pas un gibier, un animal que l'on mène à l'abattoir, mais un professionnel.

Donc, il n'est pas sans emploi, pour l'instant son métier est de chercher un travail.

Chasseur il connaît les règles de la chasse.

L'on ne cherche pas à le piéger... Mais, maladroitement il peut se piéger lui-même ce qui est bien le comble pour... Un chasseur.

J'ai cru tendre un piège... Je suis tombé dedans.

§ 1 Généralités sur les questions

C'est la technique de base utilisée dans les entretiens d'information, dont l'entretien d'embauche est l'exemple type.

En dépit des apparences, et quoi que nous en pensons, de façon naturelle, intuitivement, même dans l'entretien d'embauche, avant que l'entretien ne commence, la marge de liberté des interlocuteurs est quasiment identique.

Le taureau sortira vivant de la confrontation, le toréador également.

Dans que quel état, l'un et l'autre est un autre problème qui ne sera pas abordé, quoi que !

Pour Jean-Jacques : Cette leçon vaut bien un fromage. Mais il me quitte lessivé.

Les zones relatives d'autorité de l'un et de l'autre des partenaires, vont évoluer, il y aura des moments, ou l'autorité de l'un brimera la liberté de l'autre, nous l'avons vu plus haut.

Et également, des périodes ou leurs zones de liberté seront équivalentes.

L'on a vu dans le titre II, l'attitude d'information, précède celle de compréhension, qui est le but recherché par les interlocuteurs :

Nous nous sommes compris.

Mais, c'est très fréquent, pour ne pas dire toujours, l'offreur d'emploi, emploi, qui n'est encore qu'un emploi éventuel, va ajouter :

Je vais encore réfléchir, je ne peux pas vous dire “oui “ tout de suite...

J'aurai d'autres questions à vous poser, après avoir parlé de vous.

La chasse ne se présente pas top mal, mais il reste encore à faire.
Il ne faut pas vendre la peau de l'ours !
L'offreur d'emploi, n'a peut être pas le pouvoir que nous lui supposons, ou qu'il essaie de nous faire croire.

Dans ce type d'entretien, les interlocuteurs sont alternativement en situation d'interviewer, et d'interviewé.

Le principe essentiel est celui de la neutralité pour la formulation des questions.
Les questions orientées sont à éviter, car elles exercent une pression sur l'interlocuteur, mais il ne faut pas se dissimuler qu'elles sont utilisées.
Ne faisons pas d'angélisme facile.

Nous entendons, des plaintes qui sont autant de questions orientées. Elles ont pour but souvent inconsciemment de savoir ce que pense l'interlocuteur. Tout va mal car rien ne va pour moi comme je le désire.

Les temps sont durs… Ils l'ont toujours été.
Certes.
A partir d'un certain jour, Adam et Ève ont cessé de se croire au Paradis.

— Tu gagneras ton pain à la sueur de ton front.
Pour une nouvelle, ce n'est pas une bonne nouvelle !

Généralités sur les questions, précisons à l'aide de quelques exemples :

Interrogation négative :
Ne pensez-vous pas que ?
Ne croyez-vous pas que ?

Ou bien :
Est-il admissible ?

Ces questions apparaissent en général comme des affirmations de l'interviewer, qui on l'a deviné, veut se maintenir dans sa zone d'autorité.

Il affirme :
Je pense que.
Je crois que.
Il n'est pas admissible.

Ce comportement peut être perçu comme une manipulation, comme une violation de la réalité des faits, ou comme un jugement des sentiments ou des opinions de l'interviewé.

Force est de reconnaître, que dans l'hypothèse d'un entretien d'embauche pour, un débutant frais émoulu du système scolaire, ou une personne légitimement traumatisée par de longues recherches, le traquenard n'est pas loin.

Il va être nécessaire de " reprendre la main ", ne pas subir l'entretien.

Nous verrons dans la conclusion du manuel que le fait de ne pas subir l'entretien est un des éléments qu'il faut, maîtriser.

Que faire ?
Pas facile !

Nous venons de dire qu'il n'y a pas de truc imparable.

Mais, mais… Il existe cependant des techniques, elles sont utilisées par les représentants de commerce, en effet, ils sont confrontés en permanence.

A des prospects, futurs clients, dont il faut emporter la conviction, leur vendre un service ou un bien, alors qu'ils n'ont pas le temps, pas d'argent, besoin de rien.

Il est ainsi très difficile de retenir leur attention.

Que disent-ils, ces clients potentiels ?

Mais, puisque je vous dis que je n'ai besoin de rien! J'ai tout ce qu'il me faut. Pourquoi changer? Merci bien.

Pour emporter la décision, les représentants de commerce ont codifié des recettes, qui si elles ne donnent pas toujours satisfaction - cela se saurait - permettent de limiter les dégâts.

Pour les entretiens d'embauche la situation est différente.

Il s'agit là aussi de vendre, de se vendre (Enfoncez vous bien cela dans la tête!)

Par chance, le client du chasseur d'emploi, le recruteur, a un problème, il a besoin de quelqu'un.

Le demandeur d'emploi est sur ce point dans une situation meilleure que le représentant de commerce.

D'autant plus que le travail finira toujours…

Nous présenterons plus loin, des méthodes éprouvées par les vendeurs et qui peuvent être utiles, lors de la chasse à l'emploi.

Pour l'instant continuons à nous intéresser à la communication orale.

§ 2 Question fermée. Question ouverte.

Question fermée:
— Tu m'aimes?

La réponse à cette question, a autant d'importance lors d'un entretien d'embauche, que lors d'un entretien amoureux.

Cependant, il est fréquent d'entendre à la fin d'un entretien d'embauche, après le départ, du " chassé chasseur ", le chasseur d'emploi!

Il ou elle ne correspond pas tout à fait à nos besoins.

Elle ou il, répond à mes questions de façon brève.

Mais je l'aime bien, je ne sais pas pourquoi, ni dire pourquoi.
Mais c'est vrai, je l'aime bien !
Sa timidité, explique sa réserve.
Et puis, je lui ai posé des questions fermées... Il ou elle a répondu par des réponses fermées.

J'ai envie de le connaître, de faire un bout de chemin, avec lui, ou avec elle, et je pense, (sous-entendu parce que je l'aime bien) que je vais avoir l'envie, et la patience de lui apprendre des choses qu'il ou elle ne connaît pas encore.

Cependant, sous la réserve qui vient d'être faite.

La question fermée, définit le cadre de la réponse d'une façon tellement étroite qu'elle laisse peu à pas d'initiative à l'interlocuteur.
En effet, la réponse ne peut être que : OUI ou NON.
Ou un chiffre, une date, un fait.

Exemples de questions fermées :
— Préférez-vous la solution N° 1 ou la solution N° 2 ?
— Quel est l'effectif de votre service ?

Ce type de question entraîne une réponse courte qui n'enrichit pas le dialogue. L'interviewer limite ainsi l'apport d'information que pourrait fournir l'interviewé.

La question ouverte est par nature, beaucoup plus riche et complexe.
Nous allons le voir.
— Pourquoi tu m'aimes ?
On dit qu'une question est ouverte, lorsqu'elle OFFRE à l'interlocuteur la plus grande liberté possible d'expression sur un thème donné.

Exemples :
— Que pensez-vous de votre travail ?
— Pourquoi êtes-vous de cet avis ?
— Comment concevez-vous la réorganisation de ce service ?

La réponse de l'interlocuteur peut être alors beaucoup plus large.

La question ouverte, laisse le "champ libre "à l'interviewé, il peut donner toutes les informations qu'il possède, et dégager les points importants de son propos.

Dans la pratique, la question ouverte s'articule essentiellement autour de

QUOI ? POURQUOI ? COMMENT ?

Dans le titre VI," Exercices pratiques de préparation et conseils divers ", l'on trouvera des exemples de questions ouvertes dans. "Qui bien se connaît, bien se comporte "

§ 3 L'accueil des réponses aux questions

Quand les réponses aux questions arrivent, il est préférable - à notre avis - de les accueillir en respectant, ainsi que nous l'avons déjà vu, le principe de la neutralité.

Sont donc à éviter, si l'on désire bien entendu progresser dans la compréhension de l'autre :

Les formules d'évaluation, de jugement, du style :
C'est juste.
C'est vrai.
C'est exactement ça.

Elles peuvent entraîner, agressivité, et blocage de la part de l'interlocuteur.

La neutralité, n'interdit pas de manifester verbalement, ou par paralangages que l'on est à l'écoute du message, et de façon sincère donc compréhensive.

L'interlocuteur se rend compte qu'il est écouté, compris, non jugé, est enclin à s'exprimer davantage et plus librement.

Chapitre 2 Reformulation et silence

Nous avons abordé, à propos du “feed back” les formes de la reformulation. Nous en avons vu également ses effets à propos de l’attitude de compréhension.

Cette technique est efficace dans tous les types d’entretien.

La reformulation “miroir “ ou “reflet “permet à l’émetteur, de vérifier qu’il a été compris et au récepteur, de dire ce qu’il a compris.

Une telle reformulation commence souvent par les formules suivantes:

— Ainsi, selon vous,

— Si j’ai bien compris,

— En d’autres termes,

— A votre avis,

La reformulation “clarification” s’efforce d’être objective, en éliminant la teinte affective qu’a pu donner l’interlocuteur à son propos.

Elle est rationnelle.

Et peut se présenter sous une forme très particulière à laquelle nous allons faire un sort tout spécial: le silence.

On se souvient, qu’après avoir demandé à Jean-Jacques, combien il voulait gagner.

Je me suis plongé dans “un profond silence”.

Le silence est un outil puissant dans l’entretien.

Il est d’un maniement quelquefois délicat, quoique souvent utilisé par les enfants, en particulier par les petites filles (et les plus grandes…) dont on dit... **qu’elles boudent !**

L'Efficacité de cet instrument de communication peut être observée également lors de repas réunissant plusieurs convives.

Lorsqu'un d'entre eux, à quelque chose à dire, dont il pense - selon lui - que c'est important et qu'il ne parvient pas à le dire, il n'aura de cesse de tout faire pour réussir à se faire écouter, ou entendre, et le silence enfin rétablit - toujours selon lui - il déclarera :

— Je voulais dire...

Qu'il prononcera délivré, ayant cessé de lutter pour se faire entendre, au milieu de gens dont il pense, qu'il n'y en a que pour eux.

Alors que pour lui, il n'y a qu'une seule chose qui m'intéresse : **Lui**.

— Parlez-moi de moi, il n'y a que ça qui m'intéresse.

L'expérience est simple à réaliser, peu coûteuse. Et donc pleine de bénéfices ! Nous y avons tous étés confrontés, et nous venons de voir que nous l'utilisons tous de manière intuitive.

Les expressions familières qui rendent compte de cette pratique sont :

Il fait la tête… Il ne dit rien… Et… Déjà cité… Il ou elle boude.

Avec le silence, l'on vise en effet, à créer… Un effet : Se faire entendre, écouter. En ne disant rien. Ceci se traduit par l'expression, bien connue de tous les systèmes autoritaires (Un homme de fer tous les autres en tôle) :

Quand les talons claquent les cerveaux se ferment !

Car :

Les silences sont difficiles à accepter et à supporter au cours d'un entretien.

Les raisons du malaise peuvent être :

La peur du vide, générateur d'angoisse.

L'impression de perte de temps engendrant l'impatience.

La peur d'être jugé par l'interlocuteur, "plongé dans ses pensées" (Tu parles !).

Et pourtant, si nous admettons que l'entretien doit permettre de connaître ce que pense l'autre, c'est bien en nous taisant que nous le laisserons le mieux s'exprimer.

C'est bien dans le silence que nous pourrons, mieux comprendre ce que l'autre a dit et que nous pourrons le mieux, le préparer à écouter ce que nous avons à lui dire.

Madame François GIROUD dans son livre : "Si je mens" en donne un exemple historique.

Au même moment, il s'est passé une scène d'une autre nature, mais sans doute aussi décisive, avec Churchill.

Quand Chamberlain a compris qu'il n'était pas le Premier Ministre capable d'être le chef de l'Angleterre en guerre, il a choisi lui-même son successeur, comme c'était alors la tradition au sein du parti conservateur anglais. Et il a désigné lord Halifax.

Pour donner le maximum d'atouts au gouvernement, il a souhaité que Churchill fasse partie du cabinet.

Il l'a convoqué et lui a dit :

— Halifax est le meilleur. Mais nous avons besoin de vous. Acceptez-vous d'être le numéro deux ?

Churchill, par patriotisme, par devoir, par cette authentique grandeur qu'est l'abnégation devant l'intérêt supérieur, a dit oui.

Quelques heures après, un homme qui avait un peu de génie, lord Beaverbrook, le tycoon (un des plus puisant magnats de la presse anglaise) demande à Churchill de le recevoir d'urgence et lui dit :

— Il paraît que vous avez accepté qu'Halifax soit Premier ministre ? Ce n'est pas possible !

Churchill répond qu'il s'agit d'une affaire d'État et qu'il n'en discutera pas avec lui.

Beaverbrook insiste.

Churchill remarque qu'il ne pouvait pas faire autrement.

Beaverbrook dit :

— C'est un crime contre la Nation, il n'y a que vous qui puissiez mobiliser la Grande Bretagne.

Il insiste, il discute, Churchill est au fond convaincu de ce qui dit Beaverbrook, mais objecte : J'ai donné ma parole, je ne la reprendrai pas.

Alors Beaverbrook dit :

— Je vous demande une seule chose. Quand vous serez convoqué par Chamberlain avec Halifax, et qu'il vous demandera de confirmer votre acceptation, restez silencieux trois minutes. Trois vraies minutes. Cent quatre-vingts secondes. Avant de dire oui. Au nom de l'Angleterre, je vous le demande !

Churchill trouve cela saugrenu et ne voit pas comme ça pourrait changer la situation, mais il a de l'amitié et de l'estime pour Beaverbrook. Il promet.

Le lendemain, Churchill et Halifax sont dans le bureau de Chamberlain à Dowing street.

Et Chamberlain dit :

— Voulez vous confirmer à lord Halifax, que vous acceptez d'entrer dans son cabinet.

Churchill se tait.

Dix secondes. Trente secondes. Cinquante secondes.

Avant que les trois minutes se soient écoulées, lord Halifax disait :

— Je crois que c'est Winston Churchill, qui doit être Premier Ministre.

Le moins que l'on puisse dire, c'est que ces trois minutes ont joué un rôle majeur dans l'histoire de la deuxième guerre.

Le titre de l'ouvrage de Madame Giroud, dont nous ne serions trop recommander la lecture : " Si je mens... "

Offre un exemple, presque trop beau, des nuances qui peuvent modifier fondamentalement le sens d'un message.

En prime, un petit exercice qui ne coûte rien, mais qui peut rapporter gros.

Amusez vous à dire :

— Si !... Je mens !

Puis,

— Si... Je mens ?

Face à un miroir, vous constaterez que votre visage change, spontanément d'expression.

Il peut sembler paradoxal, de terminer ce titre III consacré aux techniques de base de la communication orale, sur le silence, nous l'avons déjà signalé.

Mais, si comme nous l'espérons, le silence permet un jour, à un chasseur d'emploi de se faire écouter, le but aura été atteint.

Pour compléter l'information, l'expérience confirme qu'en France, un silence ne dure jamais plus de une minute et demi.

Nous vous encourageons à essayer.

Attention, cependant, et à nouveau !

Quand les talons claquent, les cerveaux se ferment.

Eh oui, rien n'est parfait !

En guise de conclusion de cette partie du manuel, avant d'aborder, les techniques de vente, l'on notera que :

Quels que soient la forme et le type de l'entretien "face à face", que c'est par un effort mutuel de compréhension, que la relation pourra s'établir et que l'entretien sera profitable pour les deux interlocuteurs.

L'on se souviendra que l'interlocuteur n'est pas un ennemi, mais, une personne comme nous.

Et, que comprendre le point de vue de l'autre, n'est ni abdiquer, ni renier quoi que ce soit.

C'est faire l'effort de cheminer avec lui, dans une relation inter humaine essentielle et fondamentale.

S'abstenir de tout jugement de valeur, et de toute interprétation, qui pourraient être ressentis comme des atteintes à la personne.

Créer le climat de confiance, qui permettra à l'entretien de déboucher sur des points d'accord, dans une relation fructueuse.

Titre IV Les techniques élémentaires de la vente

Chapitre 1 Les éléments de base

§ 1 Le contact
§ 2 Connaissance du produit. “ Connais-toi toi-même “
§ 3 L’acheteur éventuel du produit

Chapitre 2 Le principe de Peter

Titre IV Les techniques élémentaires de la vente

Dans le cours, de ce qui précède, nous avons noté non pas en incidente, mais comme un élément essentiel, que la chasse à l'emploi consiste à se vendre.

C'est ce que nous allons développer maintenant.

La chasse à l'emploi, peut être également comparée à une compétition sportive, soyons excessifs, dans un combat de boxe, celui qui gagne et le dernier qui reste debout.

Il peut gagner avec ses poings, mais également aux points.

Dans la recherche d'un travail, il y a une règle fondamentale: Il faut tenir, toujours tenir, ne jamais baisser les bras et sa garde.

Quelque fois, nous sommes notre pire ennemi, dans ce combat, il faut le savoir.

La lutte implique, la maîtrise de soi bien sur, mais, il faut également " jouer juste ". S'appuyer sur quelques principes simples pour accompagner, anticiper les difficultés.

Le vendeur parfait n'existe pas.

Il n'y a pas d'image complète et exacte du "bon vendeur ".

Il existe cependant des critères pour qualifier un bon vendeur.

On entend dire:

— C'est un vendeur né! Il placerait des enclumes à la sortie du métro.

Certes, certains d'entre nous, sont plus ou moins doués pour la vente, nous venons de le dire. Nous pouvons " être nés pour être vendeur", mais dans la grande majorité des cas, nous ne naissons pas " vendeur ", mais nous pouvons nous améliorer.

En effet, nous allons voir, qu'il existe des moyens de développer nos aptitudes plus ou moins innées, à la vente.

Les moyens s'articulent autour de quatre notions.

Créer le contact.

Connaître le produit ou le service que l'on désire vendre. Lors de l'entretien d'embauche, c'est se connaître soi-même, et apprécier les besoins du recruteur dans le cadre du marché du travail, pour un emploi plus ou moins déterminé.

Savoir s'exprimer, nous l'avons vu.

Enfin, **savoir conclure.**
J'ai coutume d'expliciter cette notion, par la formule :

Il faut qu'à la fin de l'entretien (d'embauche ou tout autre entretien) mon interlocuteur sache que :
Je sais faire des... choses.
Je connais des... choses

Qu'il sache également : Qui je suis

C'est la conclusion :
Nous nous sommes compris. Nous sommes d'accord. Vous êtes embauché.

Il n'y a pas de vendeur parfait, certes, mais certains vendent et d'autres pas, ou moins que d'autres... Ils ne sont pas vendeurs longtemps !

Heureusement, il faut de tout pour faire un monde.

Chapitre 1 Les éléments de base

C'est pour la commodité du propos, que nous parlons de " techniques".

Dans les activités liées à la vente, il y a toujours une part d'aléas, car les techniques ne sont pas infaillibles, d'une part et d'autre part, peuvent être mises en œuvre par des maladroits.

Des commerçants font faillite.

Un produit cesse de plaire.

Car... Il pleut, ou il ne pleut pas... En période de canicule, s'interroger sur la mévente des parapluies, cela occupe, mais est-ce bien utile ?

Nous allons présenter quelques réflexions, dont certaines d'une consternante banalité, d'une simplicité étonnante.

Sans en avoir conscience, nous utilisons ces techniques comme Monsieur Jourdain...

Elles complètent ce qui a été vu auparavant.

Dans la course au travail, il est recommandé de les connaître et d'en user sans modération, mais cependant, avec discernement, ce qui suppose, de les avoir acquises.

Ce sont des exercices analogues, pour nos comportements, aux "abdominaux " que tout sportif doit pratiquer.

Quelque soit le sport, il faut être en forme, récupérer rapidement après l'effort, et concentré avant.

Trois critères, (rappel) éléments de base ou "abdominaux".

Le contact.

Le produit (le demandeur d'emploi !)

Et l'acheteur éventuel du produit.

Sont à développer.

Nous les dominons les uns et les autres, avec plus ou moins de capacité à les mettre en avant, en valeur.

Ainsi, un chasseur d'emploi, pourra avoir un contact facile.

Il parle avec aisance, se présente bien, mais omet, de parler de l'une des ses activités significatives.

Il se connaît, (du moins en est-il persuadé) mais, c'est une grave lacune, ne sait pas parler de lui : le produit qu'il doit vendre.

Après l'entretien, dans la rue, il se morfondra :

Zut ! j'ai oublié de lui dire… Pourtant, c'est de cela dont je voulais parler, alors que j'ai raconté des choses sans intérêt.

Il est donc important, de cultiver nos forces, surtout celles dans lesquelles, nous sommes le moins bon.

L'un de mes étudiants, particulièrement bon en anglais, sa mère était britannique, cela aide pour être bon en anglais, avait pris la décision judicieuse, d'apprendre le japonais.

Alors que je lui demandais, où il allait passer ses vacances, il me répondit :

Aux États-Unis !

Je tairai de quel nom d'oiseau je l'ai traité… Mais, cela lui a permis de comprendre, que dans son cas, le bon sens et l'efficacité auraient dû le mener… au Japon.

Je l'ai retrouvé à New York, où je passais quelques jours.

Garçon actif, malin " hyper sympa ", il avait réussit à devenir responsable d'une petite boutique de vente de chocolats.

Heureux de nous retrouver, je n'ai cependant pas résisté à l'envie de le faire bisquer.

— Alors Tanguy, l'anglais ça va ?

Rigolard il m'a répondu :
— Pour le chocolat, je suis le roi !
— OK Tanguy, un an aux États Unis pour quelques mots qui ne vous serviront vraisemblablement jamais plus, le rendement est faible.
Sacré Tanguy !
Nous avons passé une excellente soirée, il m'a offert... Une boîte de chocolats.
Je ne saurai jamais s'il aurait pu faire des progrès en japonais, mais c'est fort possible, et pourquoi pas en matière de... Vocabulaire autour du chocolat !

Il ne faut, ni se focaliser, ni s'inquiéter outre mesure, lorsque l'on constate que l'on est faible, un peu beaucoup, vraiment, dans certain domaine, par exemple, que l'on a beaucoup de difficulté à parler en public.
Mais, par contre, savoir que l'on sait être un excellent technicien, qui va toujours au bout des études qu'on lui confie, est un atout.
S'il devient nécessaire de parler en public, l'on apprendra à le faire, et sans pour cela devenir un ténor du barreau, l'on prendra confiance, et avec de l'entraînement, l'appréhension disparaîtra.
Si elle ne disparaît, pas et bien tant pis !

Ce qui nous paraît être un défaut, pas trop grave cependant ! Dans un métier peut être une qualité dans un autre.
Il faut donc - à nouveau- se connaître soi même pour s'améliorer et se fixer des objectifs à sa portée.

§ 1 Le contact.

L'un de mes amis m'a dit, alors que nous échangions nos expériences en matière de recrutement :

Je sais, si le candidat me conviendra ou non, entre le moment ou il entre dans mon bureau et celui ou il s'assoit devant moi.

J'ai trouvé qu'il avait un jugement - à mon avis - un peu rapide.

Mais, comme son Entreprise s'est développée à un rythme soutenu, et engrange des bénéfices, j'en ai déduis, que son analyse, pour lui en tous cas, est bonne car efficace.
Comme le prétend le proverbe chinois :

Qu'importe la couleur du chat, pourvu qu'il attrape les souris.

Le premier contact est essentiel pour l'établissement des relations interhumaines, il appartient, sans aucun doute, aux paralangages.

L'écrivain André Gide a sur ce point, une réflexion instructive, il écrit :

“ Méfiez-vous de votre première impression, c'est la bonne. “

Pour faire bon poids, il a écrit également :

Il faut suivre sa pente, mais en la remontant.

Lors du contact, il s'agit de créer presque immédiatement, un climat de connivence qui implique :

D'être disponible.
Naturel.

En conséquence, les défauts à éviter sont :

“L'absence “, qui apparaît, lorsque l'interlocuteur ne semble pas participer, à l'entretien, à s'y impliquer, il est “ailleurs”.
Curieusement cette attitude, se rencontre autant chez le recruteur, qui a peut être d'autres préoccupations plus urgentes, qui sont intervenues entre le moment ou l'entretien a été décidé, et le moment ou il a lieu.

Et, chez le chasseur d'emploi, qui, c'est une phrase que l'on entend quelque fois.

Cherche du travail, avec l'espoir de ne pas en trouver !

Ce qui n'est pas votre cas, comme l'on dit: "amis lecteurs "!

"L'absence " peut naître, d'un choc, d'un étonnement, d'une déception subite, d'un refus devant l'obstacle.

Le chasseur chasse, mais le gibier ne lui convient pas, pour des raisons diverses et variées:

J'ai tout de suite compris, que cela n'irait pas… Rien qu'en traversant la zone industrielle, j'avais le cafard!

Je ne serai jamais à la hauteur.

Ce n'est pas ce que je cherche.

Quelle allure! Non mais, il est habillé comme un clown!

Il est tout petit, je suis beaucoup plus grand que lui.

Et puis ce regard, une façon de vous toiser… J'ai eu l'impression qu'il me déshabillait… Ce doit être un drôle de coco!

L'agressivité verbale, ou "presque physique".

Elle est rare, mais peut exister.

Le recruteur a reçu l'ordre de recruter, il craint, à tort ou a raison, d'être en passe de recruter son successeur. Et le poste, la mutation, qu'on lui propose ne lui convient pas, il tient à garder sa place.

Être muté en Province, et que ce soit cet individu qui me remplace, alors que je suis si bien, ou je suis… Et que je suis irremplaçable!

La timidité.

Le demandeur paraît terrorisé.

Le chasseur d'emploi, est timide, si ce sentiment est authentique, il peut tirer profit de sa timidité.

Vous êtes timide, tant mieux !

C'est la marque d'un sens exacerbé du contact humain.
Mais attention, il ne faut pas trop en faire, il ne faut pas forcer, car l'on ne peut pas feindre sa timidité.

N'oublions pas que le demandeur timide a souvent en face de lui, un offreur d'emploi lui même inquiet, il a peur de "se faire avoir ".
Il peut, lui aussi, être, naturellement timide.

Les interlocuteurs, ont besoin de se rassurer mutuellement, bref de créer le climat de connivence dont il est question plus haut.
Lorsqu'il est bon, le contact, constitue la moitié de la réussite de l'entretien.
Dans l'analyse d'un entretien d'embûche, l'échec, la phrase :
— D'abord, tout de suite, je n'ai pas eu un bon contact.
Revient immanquablement.

Dans le même ordre d'idée, mais à contrario, l'on entendra :
— Cela aurait pu être mieux, mais j'ai eu un bon contact.

Reste après à conclure... Nous le verrons plus loin.

Outre la timidité, le chasseur peut avoir également peur de déranger.
Nous avons vu que cela ne gênait pas Jean-Jacques !

Ou d'être jugé, ce qui est légitime lors des premiers entretiens pour un premier emploi, un peu moins l'expérience venue, car les faits parlent d'eux mêmes, nous verrons également ce point plus loin.

N'oublions jamais que : Être disponible, c'est être à l'écoute.

Lors d'en entretien de vente, comme l'est l'entretien d'embauche, on ne vend pas son problème : " Trouver un emploi ".
On achète les problèmes du recruteur, et il en a des problèmes puis-

qu'il cherche à recruter !

Pour acheter les problèmes de l'éventuel recruteur, il convient, d'être attentif à ses paralangages, nous avons vu, qu'ils sont multiples, et souvent étonnants.

Ainsi, nettoyer une pipe pour un fumeur, remplir son stylo, mettre de l'ordre sur son bureau... Peuvent exprimer de l'intérêt :

Je me concentre en écoutant attentivement ce que vous me dites.

Ou au contraire :

Causes toujours, tu m'intéresses.

Ou rien du tout !

Dans certaines hypothèses, ces comportements peuvent permettre de relancer l'attention de l'interlocuteur ou l'orienter différemment. Les paralangages étant alors un mode d'expression, dont, le silence.

Ou vous m'écoutez, ou vous ne m'écoutez pas mais :

Nous nous sommes compris.

Être disponible, c'est être attentif aux attitudes de l'interlocuteur.

Ainsi je conserve un très mauvais souvenir, sous la réserve qu'il me sert d'exemple aujourd'hui, d'un entretien avec un représentant de commerce, que j'ai reçu à sa demande, par courtoisie, et parce que " l'on ne sait jamais ".

Au début de notre rencontre, il a laissé ostensiblement, selon moi, son téléphone portable sur la table, autour de laquelle nous conversions.

Il s'agissait en fait pour moi, de l'écouter, car je n'avais pas de besoins spécifiques.

Or, la présence de son portable, prouvait - à mes yeux - le peu d'intérêt de son message.

Et lui donnait le style, d'un personnage, incapable de gérer son temps et ses priorités.

Et, le peu d'importance qu'il me portait.

Je le reçois par courtoisie, mais il a d'autres choses à faire qu'à me convaincre ou à faire ma conquête

Nous n'avons pas fait affaire !

Ce qui tombait bien, je n'avais pas besoin de lui, mais j'aurai pu.

Par définition, mais chacun est libre, il est vivement conseillé à un chercheur d'emploi d'oublier son "portable", lors d'un entretien d'embauche.

La recherche de la connivence, doit permettre une mise en confiance.

Je me méfie spontanément d'un " type ", qui choisit, plutôt que de se consacrer uniquement à moi, pour peu de temps, garde son portable ouvert, car, il pense qu'il a des choses plus importantes à entendre ou à faire, qu'à me convaincre.

Bien entendu, s'il me prévient :

Mon épouse est à la clinique, elle doit accoucher, d'un moment à l'autre et j'attends des nouvelles, vous me comprenez !

Je le comprends, et ce " type " devient un " pro ", courageux qui s'organise pour continuer son travail, en dépit du fait, qu'il a d'autres préoccupations, que celle de me placer ses services ou ses produits.

La mise en confiance, va faciliter la transmission des informations.

Le demandeur, vise à déceler les besoins du recruteur, et celui va s'efforcer de trouver des ressources chez le chasseur d'emploi.

Nous retrouvons les méthodes d'amélioration de la communication orale :

Qui sont entre autres, les questions ouvertes, simples, directes et précises.

A ce stade, et en toutes hypothèses, l'on évitera d'être trop "lourd", ou trop inquisiteur.

Le moment du contact s'achève.

Il va falloir maintenant s'expliquer, ne pas dire de banalités, ne pas omettre ce qui peut paraître évident, présenter des résultats, et, ne pas fabuler !

Ce dont il faut parler :
Des techniques maîtrisées, elles concernent :
Le " Savoir " et " Le savoir-faire."
Et les aspects humains, la personnalité que l'on regroupe dans la notion de :
" Savoir être ".

Une bonne présentation des deux volets, de ce que sait faire le demandeur d'emploi, et de ses comportements, doit inciter le recruteur à poursuivre son enquête et faire affaire (une bonne affaire !) : Recruter un tel, et pas un autre.

§ 2 Connaissance du produit. " Connais-toi toi-même "

Le contact a été établi, il est bon.
Le chasseur d'emploi a été mis à l'aise par l'offreur, qui trouve son interlocuteur cordial, ouvert, sympathique.

De quoi vont-ils s'entretenir ?
Facile !
De l'un, et de l'autre.

Lorsque l'on vend, et dans l'entretien d'embauche, l'on se vend, l'on ne dit pas n'importe quoi, pas plus que l'on ne fait n'importe quoi, et que l'on se présente n'importe comment.

Notre image, parle pour nous.
Ainsi, lors d'une campagne électorale, les adversaires d'un candidat s'étaient contentés d'écrire sur la photo de leur adversaire :

Lui achèteriez-vous une voiture d'occasion ?

La réponse était dans la question.

Le "dire", les paralangages et les attitudes ont une importance identique.

Certains déclarations "orales" peuvent être définitivement démenties par un paralangage ou une attitude.

Pensons à Pinocchio !

L'ensemble de ces expressions, va servir à faire connaître le chasseur d'emploi, par le recruteur, et, lui donner l'envie d'aller plus loin dans sa connaissance, puis, conquête faite, de travailler avec lui.

Nous possédons tous un savoir, un savoir-faire, et nos expressions, nos comportements sont révélateurs d'un savoir être.

Ces trois "savoirs", sont le message qu'il faut communiquer, durant l'entretien d'embauche.

Pour transmettre le message il faut EXPLIQUER, donc : S'EXPLIQUER.

Écouter l'autre, et à partir de cette écoute, parler de soi.

C'est à dire :

Prendre en compte les attentes du recruteur et se fixer un objectif (rappel) :

Il faut qu'à la fin de notre rendez-vous, mon interlocuteur sache qui je suis, ce que je sais, ce que je sais faire, ce que je veux faire.

Le recruteur a des besoins, des motivations, qui constituent le fil directeur de l'entretien qu'il a accordé, la connivence sera renforcée, lorsque les moyens et les motivations du chercheur d'emploi rencontreront, les besoins et les motivations du recruteur.

Facile à dire ! Une fois de plus !...... Pas trop ! C'est pourquoi, il faut se préparer.

— Êtes-vous mutable ?
— Certes, mais pas n'importe où.
— Donc, vous n'êtes pas mutable !

Jean-Jacques, n'était pas mutable.

Sur ce point il a gagné : A la fin de notre rencontre, je sais entre autres, une chose : Il n'est pas mutable, ce qui est son droit le plus absolu, sauf que j'ai besoin de quelqu'un, qui soit réellement mutable.

Au demeurant, je trouve légitime sa motivation de continuer de se former, avec cependant, une réserve, il ne me paraît pas trop fixé sur ce qu'il désire apprendre, en complément, de ce qu'il sait déjà.

Attention.

Le fait d'être mutable oui pas, n'est qu'un des éléments du choix que fera le recruteur.

Si l'on est mutable, mais que l'on ne parle pas l'anglais, alors que le poste l'exige, le fait d'être mutable ne servira à rien pour conclure l'embauche.

Parenthèse :

Une entreprise de transport contrainte, de recruter des chauffeurs, demeurant à proximité des installations de sa clientèle, passe une annonce :

“ Recherche chauffeurs habitants Perpezac le Noir. ”

Des candidats se présentent, et sont recrutés.

Au bout de quelques semaines, les incidents et accidents se multiplient, de façon anormale.

Ils sont le fait des nouvelles recrues.

L'entreprise inquiète, s'interroge, étudie le problème.
Et constate, ce dont elle aurait dû se rendre compte plus tôt, que les chauffeurs conduisent certes, mais mal, ont des comportements difficilement supportables. Bref, que le recrutement est un échec.

La raison de l'échec est évidente : on a recruté des personnes, habitants Perpezac le Noir… Pas de bons conducteurs.

L'approche aurait dû être : " Recherchons de bons chauffeurs, acceptant d'habiter Perpezac le Noir. "

Nous l'avons dit dans le Titre I " Principes généraux simples de la communication."

En résumé, pour parler de soi il faut :

Présenter un savoir faire, c'est à dire des réalisations.
Confirmer la maîtrise, certes sommaire, donc perfectible d'une technique.
En utilisant des mots simples.
Appeler chaque chose par son nom.
Suivre un ordre logique.
Faire des phrases courtes
Ne pas parler trop vite.

Nous l'avons vu, lors d'un entretien en face à face (Titre II Chapitre 2) plusieurs attitudes sont envisageables.

Nous allons les préciser de façon schématique.

Le demandeur d'emploi, n'est pas un animal que l'on mène à l'abattoir, (déjà cité), et l'offreur d'emploi ?

L'on en verra quelques grandes figures, elles sont nécessairement caricaturales :

Le recruteur peut être globalement :

Pessimiste.
Odieux.
Silencieux.
Important.
Pressé, ou pas.
Bavard.
Occupé par d'autres choses.

En dépit, cela existe, de l'impression qu'il peut chercher à donner, Il n'est pas obligatoirement le décideur. Chargé d'une mission exploratoire, il effectue un premier tri.

Dans d'autres hypothèses, il est un des interlocuteurs qu'il faudra rencontrer.

Ils ne se ressemblent pas, et les moments et le contenu des entretiens seront différents.

Il est recommandé de se conduire, avec chacun d'eux comme s'il était le décideur !

Dans le Titre VI, " Exercices pratiques de préparation à l'entretien d'embauche et conseils divers ".

L'on verra, que les divergences plus ou moins grandes sur quelques problèmes humains, que nous avons à résoudre quotidiennement, vont permettre ou non, l'adéquation des caractères, et l'accord, le non accord définitif, ou temporaire.

§ 3 L'acheteur - éventuel - du produit

Lors d'un entretien d'embauche, il s'agit de se vendre.

Que vendons nous ?

Nous venons de le voir : Des " savoirs ", c'est à dire des compétences permettant à l'entreprise de faire des profits.

Ne perdons jamais de vue que le premier devoir social d'un chef d'Entreprise est de faire des bénéfices.

Tout le reste est littérature.

Globalement, l'acheteur-éventuel-prêt à investir, en recrutant, n'a qu'un seul but :

En avoir pour son argent.

Nous avons vu, que s'il recrute c'est qu'il a un besoin.

Nous commençons à le connaître, il cherche, nous devons donc l'aider dans sa recherche.

Comme le chasseur d'emploi, il chasse, il désire débusquer un collaborateur, une collaboratrice, destinés à augmenter ses profits.

Tout en étant guidé par ce souci, il peut se comporter de différentes manières.

De même, que pour les attitudes, les comportements, ne sont pas uniques, ils présentent des variantes, et évoluent au cours de l'entretien.

Le recruteur pessimiste :

Soit c'est sa nature profonde, soit il utilise un pessimisme stratégique.

Les affaires vont mal… Ce sera encore plus dur qu'avant… Nous avons mangé notre pain blanc !

Face à lui, il faut garder un optimisme irréductible, mais sans mépriser son pessimisme.

Le traiter gentiment, ce n'est pas toujours facile, lui manifester de la sympathie.

Oui, je comprends bien, on me l'a déjà dit, mais j'ai rencontré d'autres personnes qui constatent une amélioration de la situation.

Il est fréquent de constater, que lorsqu'une personne prétend que tout va mal, c'est d'abord parce que cela va mal pour elle, quels que soient les motifs de son pessimisme (déjà signalé).

Peut-être s'imagine-t-elle, qu'elle est en passe de recruter sa remplaçante ou son remplaçant, car elle se sait pousser vers la sortie.

Il y a des moments plus agréables.

Le recruteur odieux :

J'en ai rencontré un, ce n'est pas un bon souvenir !

Il ne connaissait de moi que mon CV, c'est donc là, qu'il m'a attaqué "bille en tête".

Jamais vu un, CV pareil, vous ne vous plaisez pas là où vous êtes, vous devez être vraiment impossible à vivre.

J'ai oublié le reste de sa diatribe.

Sur le coup, je me suis demandé ce que je lui avais fait.

Rien !

Je le voyais pour la première fois, et la dernière fois.

C'est un spécimen, fort heureusement assez rare.

J'ai tendance à penser qu'il était malheureux et aussi un peu (beaucoup) malade !

Ou, qu'il venait de se faire engueuler par son patron... D'apprendre son infortune conjugale.

Dans ce cas, l'entretien est un traquenard, mais le chasseur d'emploi n'y est pour rien.

Dans l'hypothèse, je faisais simplement un tour de piste sur le marché du travail, pour voir ce que j'y valais. L'exercice est à recommander, mais il peut réserver des surprises... étonnantes voir désagréables !

Pour en finir avec mon phénomène : l'odieux, fondamentalement... Pour moi :

Bof ! (Dans mon fort intérieur, j'utilise un petit mot également de trois lettres, mais que je tairai ici)

En matière commerciale (la vente au sens large), "l'odieux " est quelque fois un bon contact, car il est peu visité.

Attendre que l'orage passe peut être une solution.

Je vais finir par comprendre de quoi il souffre.

C'est un mauvais moment à passer.

Je trouverai une faille.

Il se fatiguera avant moi.

Contact sportif, à recommander aux vieux crocodiles de la vente, qui en on vu d'autres !

Le recruteur silencieux :

Nous avons vu les effets bénéfiques du silence.

Il peut s'agir d'une stratégie.

En France, nous l'avons dit, la situation ne se prolongera pas au-delà d'une minute et demi.

C'est long et court à la fois.

Dans cette hypothèse, que j'ai connue (privilège de l'âge !) j'ai commencé à compter dans ma tête, sans rien dire, en m'intéressant à mon rythme respiratoire, sans pour autant faire des exercices physiques (Respirez ! Expirez !) tout en me disant :

Il a été d'accord pour me recevoir, il me reçoit, donc il a quelque chose à me dire.

Il m'a demandé ce que je désirais faire.

Je me suis tu.

Lui et moi, avons compris que nous nous étions compris, et le dialogue est devenu possible.

Facile à dire !

Certes, mais si l'emploi est à ce prix.

Le recruteur important:

Il peut faire illusion.
Mais ce qu'il faut avoir en tête:
Cela paraît enfoncer une porte ouverte, mais c'est d'une rare efficacité:
Un client important est naturellement important!
Et vlan!
Facile à dire!

L'un de mes parents, psychiatre, exerçait ses talents dans un village dit "ouvert " dont la particularité est de regrouper en un même lieu des malades mentaux, pas trop malades et du personnel soignant, pas trop malades également, il faut l'espérer.
Tout ce petit monde, vivant dans ce bourg, accueillant, vaque comme tout un chacun, dans un village non médicalisé.
Pour faire un mot, j'ai demandé:
— Comment faites-vous pour vous reconnaître?
Mon parent m'a répondu:
— Balades-toi, tu comprendras.

Après quelques minutes de promenade, j'ai compris.
Eh bien:
Quelqu'un d'important, nous venons de le dire, " est important! "

J'ai coutume de me dire, face à quelqu'un qui s'imagine que je m'imagine qu'il est important, c'est-à-dire veut me faire croire qu'il l'est, important, - oui je sais - c'est un peu compliqué!
Je me dis donc:
Les gens sérieux ne sont jamais graves... Et les gens graves ne sont jamais sérieux!

Continuons notre série de portraits.

Apparaît maintenant,

Le recruteur pressé :

Lui... Lui... Il travaille... Lui, il a du travail... Et, par-dessus la tête, et le clame à qui veut l'entendre plus souvent, également, à qui ne veut pas l'entendre.

Il est DEBORDE.

Celui là, personnellement me fait doucement rigoler, je le classe dans la catégorie des comiques, efficaces pour faire rire, mais moins dans le travail.

Bien sûr, cette remarque n'engage que ma responsabilité.

S'il cessait de dire qu'il est débordé il gagnerait déjà, largement le temps qu'il passe à proclamer qu'il s'est laissé déborder.

Il est, nous avons rencontré ce genre de phénomène, vraisemblablement, de surcroît bordéligène, stade ultime qui suit le bordélique. (Rappel).

Attention :

Ne pas se laisser imposer son rythme.

Faire préciser ce qu'il attend d'un collaborateur.

Vérifier discrètement l'état physique de son assistante, essayer de savoir depuis combien de temps, elle travaille avec le héros.

Et :

Bon courage !

Mais, si le travail est aussi à ce prix-là !

Cela peut s'arranger, et permettre d'attendre des jours meilleurs.

Il est évident que le chercheur d'emploi, peut aussi, être pressé, mais est ce bien raisonnable ?

J'ai connu le cas, nous l'avons déjà croisé, le pressé cherchait du travail avec l'espoir de ne pas en trouver.

Nous étions faits pour nous entendre.

Je ne lui ai pas proposé… De travail.

Dans un tout autre genre, **le recruteur peut avoir le temps.**

Il paraît décidé à parler de choses et d'autres.
Le temps de l'entretien, n'est pas fixé, en apparence.
Et globalement, il paraît content d'être occupé.
Une seule chose l'intéresse en général : Lui.
Il faut donc, le laisser parler de lui.
L'inconvénient, est que l'on risque de passer, à coté de l'essentiel.

Parlons d'autre chose.

Attention, il y a un piège, il est commun à tous les entretiens.
Mais, spécialement propre à l'interlocuteur qui a le temps.
Il parle de lui, car il considère que c'est un sujet passionnant.
Certes.
Mais, attention, nous ne savons pas s'il est heureux ou malheureux.
S'il est heureux tant mieux, pour lui comme pour le déroulement du rendez-vous.
Par contre, s'il est malheureux.

Attention :
Il ne faut jamais se vanter (et pourquoi donc ?) avoir eu beau temps en vacances, si l'on ne vous le demande pas.
De se flatter, d'avoir des enfants qui travaillent, vraiment très, très bien à l'école.
Car, peut-être, nous n'en savons rien, que le recruteur qui a le temps, a supporté ses cancres d'enfants, sous la pluie dans un trou, pendant trois interminables semaines aoûtiennes.

Le recruteur qui a le temps est assez souvent, on le comprend : **Bavard.**
Il peut l'être tout naturellement, et… Il cause.
Mais il peut aussi causer, pour préciser sa recherche à haute voix.
Je réfléchis tout haut.

Il faut l'écouter, il a besoin de "vider son sac ".
A un moment ou à un autre il va se fatiguer.
C'est alors, qu'il faut prendre l'offensive :

Vous avez dit quelque chose qui m'a beaucoup intéressé.

Et là il faut faire vite et bien, avant qu'il ne se remette à causer... A causer... Et à causer.

Je le recommande, c'est un bon "client " pour un entretien de recrutement, d'abord il est reposant.

Ensuite et surtout, dans la mesure ou il n'y que lui qui parle, il aura tendance, à penser, après avoir parlé, que la conversation a été passionnante, voir brillante, et qui ce qui a été dit sort vraiment de l'ordinaire.

Une bénédiction, je vous le confirme.

Il vient de procéder à son propre recrutement !

Notre dernier sujet, est occupé à faire " autre chose ".

On le reconnaît à ce que son téléphone sonne sans arrêt, qu'il parle tout en consultant des documents, qui n'ont rien à voir avec le recrutement.

C'est une variante du "débordé".

L'on se rapportera à ce que nous en avons dit.

Pour que la "fête" soit complète, soyons sûrs que c'est un mal poli.

Une fois encore, mais si le travail est à ce prix !
Hélas et bon courage !

En guise de conclusion :

Il faut être (enfin, selon nous, cela vaut mieux !)

Gai.
Joyeux.
Souriant.

Tout en étant :

Sérieux.
Fiable.
Persévérant.

Et, expliquer le potentiel que l'on représente.

Pour un premier emploi, se dire :
Je suis jeune il est vrai, mais aux âmes bien nées.

Pour les autres :
Les faits parlent d'eux mêmes, (déjà dit et que nous allons le voir à nouveau).

Pour faire diversion, une pause.

Chapitre 2 Le Principe de Peter

Ce qui va suivre, est un moment de décontraction.

Il est légitime, pour un demandeur d'emploi, d'éprouver une appréhension certaine, durant sa chasse, et plus particulièrement au contact de celui qui détient l'objet de sa quête.

Cette inquiétude, n'est pas propre, uniquement aux chercheurs de recrutement.

Nous la rencontrons tous et toutes, à un moment que nous considérons comme plus ou moins crucial.

Non, mais, qui c'est ce type?

Mais pour qui il se prend?

Sur le coup, il m'a impressionné.

Au bout de cinq minutes, j'ai compris... Quel con!

Ou, pourvu qu'on le garde, celui-là... On ne le gardera pas longtemps, il est bon!

C'est afin de relativiser les sentiments, les craintes que nous éprouvons légitimement.

Un humoriste, plus philosophe qu'humoriste car il est impossible d'être humoriste si l'on n'est pas philosophe (et réciproquement), a écrit il y a une trentaine d'années: "Le principe de Peter ".

L'ouvrage fait autorité, nous entendons en effet souvent:

— Au travail, et ailleurs, Il a atteint son degré de compétence.

Ce qui signifie... Qu'il est incompétent.

Les réflexions de l'auteur peuvent être résumées en trois points:

Dans tous les domaines de l'activité humaine, tout individu tend à accéder au poste ou son incompétence, se manifestera le plus sûrement.

Conséquemment, tous les postes de la hiérarchie sociale, tendent à être occupés par des individus incapables de remplir convenablement leurs fonctions.

Le travail utile, est toujours effectué par des individus qui n'ont pas encore atteint leur " vrai niveau d'incompétence ".

En voici des exemples.

— Quand j'étais petit garçon, on m'apprenait que les grandes personnes savaient ce qu'elles faisaient.

On me disait :
— Peter, plus tu en sauras, plus tu iras loin.

Je poursuivis donc mes études et puis j'affrontai le monde plein de ces belles idées, serrant contre mon cœur mon beau diplôme de professeur.
Durant ma première année d'enseignement, je fus troublé en constatant qu'un bon nombre de professeurs, de surveillants généraux et de directeurs d'école, semblaient ignorer les responsabilités de leurs états, et montraient de l'incompétence dans l'exercice de leurs fonctions.

Le principal souci de mon directeur, par exemple, était que tous les stores des fenêtres se trouvent au même niveau, que les salles de classe soient silencieuses, et que personne ne marche sur les pelouses.

Le surveillant général, lui, tenait à ce qu'aucune minorité, quelque fanatique qu'elle fût, ne soit offensée et que tous les devoirs soient remis à temps.
L'éducation des enfants semblait être le moindre souci de ces esprits administratifs.

Je crus d'abord que c'était une faiblesse particulière au système scolaire de l'endroit ou j'enseignais, aussi demandai-je à être muté dans une autre région.

Je remplis les formulaires spéciaux, y joignis les documents exigés et me conformai de bon cœur, à toute la paperasserie nécessaire.

Plusieurs semaines après, on me renvoya ma demande et tous les documents !

Non, ce n'était pas à moi que l'on en voulait, mes références étaient excellentes, mes formulaires bien remplis.

Un tampon officiel indiquait :

Que tout avait été bien reçu, mais, mon dossier était accompagné d'une lettre me disant en substance :

Les nouveaux règlements exigent que ces demandes soient expédiées en recommandé, sinon, elles ne peuvent être prises en considération par le Ministère.

Je commençai à soupçonner que l'école locale, n'avait pas le monopole de l'incompétence.

Une plus ample étude du problème m'apprit, que toute organisation, emploie un nombre de personnes, incapables de faire leur travail.

Un phénomène universel.

L'incompétence dans le travail se constate partout.

L'avez-vous remarqué ?

Certainement.

Nous voyons des hommes politiques irrésolus, qui se font passer pour des hommes d'État, et les sources " autorisées " (" Les milieux bien informés ! ") qui blâment, les " impondérables de la situation. " (Nous retrouvons le jargonniseur de l'ami Jean-Jacques)

Le nombre de fonctionnaires paresseux ou indolents est infini, comme l'est celui des généraux dont les hésitations démentent leurs principes hardis, des gouvernants que leur servilité congénitale empêche de gouverner réellement.

Nous refusons de croire au prêtre immoral, au juge corrompu, à l'avocat incohérent, à l'auteur sans talent, et au professeur de littérature qui fait des fautes d'orthographe.

Nous voyons dans les universités des proclamations sur l'ordre, rédigées par des administrateurs, dont les bureaux sont un cafouillis infâme.

Et nous écoutons des conférences parfaitement inaudibles et incompréhensibles.

En constatant cette incompétence à tous les degrés, de toute hiérarchie, politique, juridique, universitaire et industrielle, j'ai fini par penser que la cause résidait dans quelque trait inhérent aux règlements concernant le placement des employés.

Ce fut, ainsi que commença mon étude très sérieuse de l'ascension des salariés dans la hiérarchie, et de ce qui leur arrive après avoir été promus.

J'ai réuni des centaines d'exemples.

En voici trois qui sont caractéristiques :

Dossier municipal.

J. S MINION était contremaître au service des travaux publics d'Excelsior City, très apprécié des édiles, qui louaient tous son amabilité.

J'aime bien MINION, disait le chef de travaux. Il a un jugement sain, et il est toujours plaisant et aimable.

Ce comportement était normal pour un homme dans sa situation, MINION n'était pas là pour pendre des responsabilités, aussi n'avait-il nul besoin d'entrer en conflit avec ses supérieurs.

Le chef de travaux pris sa retraite et MINION lui succéda.

Il continua d'être plaisant et aimable, de l'avis de tout le monde.

Il repassait à son contremaître toutes les suggestions venant d'en haut.

Il en résultait des conflits, et les perpétuels changements de plan démoralisèrent bientôt tous les services.

Le maire et son conseil se plaignirent, les contribuables et les syndicats aussi.

MINION continua de dire : “Oui “, à tout le monde et, à transmettre les messages de ses subordonnés, à ses supérieurs.

Il est chef en titre, mais il fait le garçon de course : Les travaux prennent du retard, débordent régulièrement du budget communal, et ne sont jamais finis.

En un mot, MINION, excellent contremaître, est devenu un chef de travaux incompétent.

Service industriel.

E. TINKER était exceptionnellement zélé et intelligent, quand il était apprenti au garage G. REECE, il devint bientôt mécanicien.

Il savait admirablement diagnostiquer les plus obscurs défauts d'un moteur, et faisait preuve d'une patience merveilleuse pour les réparer.

Il fut nommé contremaître de l'atelier de réparations.

Mais, là, son amour de la mécanique, et son perfectionnisme deviennent des défauts.

Il entreprend un travail qui lui paraît intéressant, néglige les réparations urgentes, en disant que tout s'arrangera bien.

Il ne laisse jamais partir une voiture, avant d'être parfaitement satisfait du travail effectué.

Il se mêle de tout.

Il n'est jamais à son bureau, mais on le voit plongé jusqu'à mi-corps dans un moteur démonté et, pendant que l'ouvrier qui devait faire le travail, l'observe, les autres attendent qu'on leur dise ce qu'ils doivent faire.

L'atelier est donc surchargé de travail, tout est en désordre, et les réparations sont en retard.

Dossier militaire :

Nous allons étudier le cas de feu le général GOODWIN.

Ses façons bon enfant, sa voix joviale, son mépris des règlements imbéciles, et sa bravoure indiscutable, avaient fait de lui l'idole de ses hommes.

Lorsque GOODWIN fut promu au grade de maréchal, il eut affaire non pas à de simples soldats, mais à des politiciens et des chefs d'état major alliés.

Il refusa de se plier au protocole nécessaire.

Il fut incapable de mettre un bœuf sur sa langue, et de faire des courbettes.

Il se disputa avec tous les dignitaires et finit par passer des journées, couché, à boire et à grogner.

Le commandement de la guerre lui échappa, et tomba entre les mains des ses subordonnés.

Il avait été promu à un grade pour lequel il était incompétent.

Un indice capital!

Je finis par constater que dans tous les cas, il y avait un dénominateur commun.

L'employé avait été haussé à son niveau d'incompétence.

Je compris que, tôt ou tard, cela pouvait arriver à tout employé, tout subordonné, dans toutes les hiérarchies.

Dossier hypothétique.

Supposons que vous possédez une fabrique de pilules: "La parfaite pilule SA".

Votre contremaître du calibrage des pilules meurt subitement d'un ulcère perforé.

Vous devez le remplacer.

Vous cherchez naturellement dans le rang, parmi les calibreurs de pilules.

Mademoiselle Ovale, Monsieur Cylindre, Monsieur Ellipse et Monsieur Cube, sont plus ou moins compétents.

Ils seront naturellement éliminés.

Vous choisirez dons votre calibreur de pilule le plus compétent,

Monsieur Sphère, et le nommerez contremaître.

Or, supposons que Monsieur Sphère, se révèle un contremaître compétent.

Plus tard, quand votre chef d'atelier, Monsieur Carré sera nommé directeur de production, Sphère deviendra éligible à sa place.

Si, d'autre part, Sphère est un contremaître incompétent, il ne sera plus promu.

Il a atteint son "niveau d'incompétence" et y restera jusqu'à la fin de sa carrière.

Certains employés, Ellipse ou Cube, atteignent un niveau d'incompétence au plus bas échelon et ne sont pas promus.

D'autres, comme Sphère, en supposant… Qu'il ne soit pas bon contremaître, l'atteignent en une seule promotion.

E. TINKER, le contremaître de l'atelier de réparation automobile, atteignit son niveau d'incompétence au troisième stade de la hiérarchie.

Le maréchal GOODWIN tout au sommet.

Mon étude de centaines de cas d'incompétence dans le travail, m'a donc conduit à formuler le principe de PETER.

Dans une hiérarchie, tout employé a tendance à s'élever naturellement, à son niveau d'incompétence.

Une nouvelle science.

Ayant formulé le principe, j'ai découvert que j'avais sans le vouloir, créé une nouvelle science :

" La hiérarchologie " ou étude des hiérarchies.

Le terme " hiérarchie " désignait à l'origine, un système de gouvernement des prêtres aux rangs différents.

Aujourd'hui, il signifie toute organisation dont les membres ou les employés sont classés par ordre de rang, de grade ou de classe.

La hiérarchologie, bien que récente, semble pouvoir s'appliquer à tous les domaines de l'administration publique ou privée.

Mon principe, est la clef d'une compréhension de tous les systèmes hiérarchiques et, par conséquent, de toutes les structures de la civilisation.

Quelques excentriques, s'efforcent de n'être mêlés à aucun système hiérarchique, mais tout le monde, dans les affaires, l'industrie, le commerce, les syndicats, l'armée, la religion, et l'enseignement en est tributaire.

Tous, sont gouvernés par le principe de PETER.

Beaucoup d'entre eux, sans doute, pourront gravir un échelon ou deux, passant d'un niveau d'incompétence, à un niveau d'incompétence plus élevé.

Mais, la compétence dans cette nouvelle situation fera, qu'ils seront qualifiés pour une nouvelle promotion.

Pour chaque individu, pour vous, pour moi, la dernière promotion fait passer d'un niveau de compétence à un niveau d'incompétence.

Ainsi, avec le temps, et en supposant l'existence d'un nombre suffisant, de rangs dans la hiérarchie, chaque employé s'élève et demeure à son niveau d'incompétence.

Le corollaire de PETER précise :

Avec le temps, tout poste sera occupé par un employé incapable d'en assumer la responsabilité.

Vous trouverez rarement, un système dans lequel chaque employé aura atteint son niveau d'incompétence, naturellement.

Dans la plupart des cas, le travail continue.

Ce travail est accompli par les employés qui n'ont pas encore atteint leur niveau d'incompétence.

Fermons la parenthèse.

Nous allons aborder dans le prochain titre, les méthodes autres que celles de l'expression orale, pour éviter de rater (réussir) un entretien d'embauche.

L'entretien d'embauche, n'est qu'un des éléments de la course de fond de la recherche d'emploi.

Il se prépare longtemps à l'avance, pour les demandeurs de premier emploi, et les salariés en cours de re-conversion par les stages en entreprises.

L'entretien visant à obtenir un stage est un entretien d'embauche, il constitue un excellent entraînement à l'entretien d'embauche pour l'emploi.

Sous la réserve que son enjeu ne paraît pas - à tort - en avoir la même importance.

Cette erreur d'appréciation est particulièrement regrettable.

En effet :

La recherche d'un stage, son choix, si choix il y a, ce qui est rarissime, et sa réussite peuvent être l'une des opérations les plus compliquées de la scolarité, pour des étudiants " Bac plus 2 " ou plus.

Le premier entretien avec un offreur de stage, et les premiers contacts avec le monde de l'industrie, du commerce, et des services, préparent aux contacts futurs.

Ce n'est donc pas une "simple contrainte scolaire ", pour les jeunes demandeurs.

Mais un acte, faisant appel totalement au sens des responsabilités des étudiants.

Il peut être un tremplin décisif, mais également un échec somptueux aux conséquences fort heureusement limitées.

Le chapitre 1 du Titre V lui sera consacré : “Les stages en entreprises “.

Le curriculum vitae fera l’objet du chapitre 2.

Et son complément : La lettre de motivation, sera abordé dans le chapitre 3.

Titre V Les techniques autres que celles de la communication orale pour réussir (ne pas rater) un entretien d'embauche

Chapitre 1 Les stages en entreprises

§ 1 Les exigences fondamentales
§ 2 Les points à observer
§ 3 Conseils généraux
§ 4 Le rapport de stage
§ 5 Les stages à l'étrange.

Chapitre 2 Le curriculum vitae

§ 1 Les dix commandements
§ 2 Les maladresses

Chapitre 3 La lettre de motivation

Chapitre 4 Les tests

Chapitre 5 Les anciens élèves

Chapitre 6 Les chasseurs de têtes

Chapitre 7 Contenu du CV et de la lettre de motivation. (Synthèse).

Titre V Les techniques autres que celles de la communication orale pour réussir (ne pas rater) un entretien d'embauche

Chapitre 1 Les stages en entreprises

Les objectifs des stages en entreprises pour les étudiants comme pour les salariés en reconversion sont :

De permettre aux stagiaires de découvrir ; ou de redécouvrir le fonctionnement d'un milieu professionnel, et notamment les implications organisationnelles et humaines d'une situation de travail.
Il s'agit de stages dits "ouvrier " ou "d'initiation ".

D'acquérir une première expérience d'un travail pratique, et/ou nouveau en réalisant la confrontation des connaissances déjà acquises, durant la scolarité ou la période de reconversion, avec un problème concret posé par l'entreprise.
Il s'agit de stages comportant, une mission.
Ces deux types de stages, font l'objet d'un rapport destiné aux professeurs et à l'entreprise d'accueil.

Dans les grandes lignes, la recherche d'un stage consiste :

A négocier un contenu.
Gérer des échanges par courrier, par téléphone.
Assumer les risques pris.

Il est, donc, plus que prudent d'avoir bien en tête, l'idée suivante :

Le stage est une obligation scolaire, il fait l'objet d'une note dont le coefficient peut être déterminant, mais ce n'est pas un droit.

En conséquence :

Lorsqu'une entreprise recrute un salarié, elle a un besoin, plus ou moins défini, lorsqu'elle accepte de recevoir un stagiaire, elle a également un besoin.

Certes, mais il est très peu pressant, sauf, hypothèse la plus favorable, si elle considère, que le stage est un préalable, habile, à un futur recrutement

Avoir la chance d'obtenir un stage, que ce soit en première année, en fin d'études, ou en fin de période de reconversion est un excellent moyen d'obtenir un emploi.

Ceci, est particulièrement évident pour les étudiants désireux d'entrer immédiatement dans ce qu'il est convenu d'appeler " la vie active ", comme si nous étions inactifs avant d'être au " travail "!

Et encore plus pour les salariés dont la carrière a été momentanément interrompue.

§ 1 Les exigences fondamentales.

Elle sont d'ordre général, et portent sur le **COMPORTEMENT**.

Le dynamisme.

Il suppose que l'on adhère à ses impulsions, et que l'on soit généreux sans craindre la fatigue et l'épuisement. (Très relatif!)

A la fin de la journée, le vendredi soir, je suis crevé.

Ah bon ! Moi aussi.

La réceptivité.

Il faut se laisser " impressionner ", au bon sens du terme, c'est à dire comme une pellicule de photographie.

Là, je suis bluffé ! Je ne pensais pas, que l'on pouvait faire une chose pareille aussi vite !

La recherche de l'authenticité.

Le stage doit être une recherche, naturelle, authentique et sincère.

Il faut tenter de " fixer le présent ".

Prendre des notes dès le premier jour, chaque jour, en faire la synthèse tous les soirs.

Lorsque j'aborde le sujet avec mes étudiants, je dis :

La photo du premier jour des vacances se prend… Le premier jour !

Il faut s'imprégner, de ce qui choque, étonne, touche la sensibilité.

Seul, ce qui surprend positivement ou négativement est important.

§ 2 Les points à observer.

Ce qui a été observé lors d'un stage, ou d'un travail interrompu par quelles causes que ce soient.

Est à utiliser lors de l'entretien d'embauche pour expliquer ce que l'on a vu, retenu, compris, et les enseignements tirés pour l'avenir.

Il s'agit de présenter **DES FAITS.**

L'on observera :

Au poste de travail :

Quand peut -on dire que le poste de travail a rempli sa mission ?

Donc, quel est le but du poste ?

Il convient de désigner précisément le travail réalisé, quel est le genre du travail, comment est-il défini ?

Ou est-il situé dans la chaîne des travaux ?

Quels sont les moyens utilisés ?

Quelles sont les opérations réalisées ?

Quelles sont les liaisons avec les autres postes ?

Les cadences ?

Les relations humaines.

Il ne faut absolument pas porter de jugement tant oralement, qu'à plus forte raison par écrit.

Donc être réservé, et se méfier des "qu'en dira-t-on ! "

C'est à dire, des "on dit ! "

Sommes-nous assez clairs ?
Il s'agit d'observer, pas de juger, ni même de partager ouvertement ou à mi-mot les opinions des uns et des autres.

§ 3 Conseils généraux.

Rappel essentiel : Le stage en entreprise, bien qu'il soit désormais entré dans les mœurs, n'est pas un droit !

Il importe donc :

D'avoir une attitude réservée vis-à-vis de l'entreprise d'accueil, sans être obséquieux.

Remercier est une obligation.

Le meilleur remerciement est de participer, en équipe, authentiquement aux travaux de l'entreprise.
Se conformer strictement aux règlements, et en particulier aux horaires de travail est également une impérieuse obligation.

Le stagiaire ?
On ne sait pas où il est, ni quand il arrive !
Effet désastreux garanti !

Si la possibilité en est donnée, ou si c'est obligatoire, ce qui est le cas le plus fréquent : Conserver le contact avec le représentant de l'école ou de l'organisme de reconversion.

A la fin de l'ouvrage, l'on trouvera des " conseils, " par exemple, sur la façon de s'habiller, de se présenter...

D'expérience, il me paraît efficace, de suggérer au stagiaire de conserver le contact avec l'entreprise d'accueil après le stage.

Simplement, en téléphonant pour prendre des nouvelles.

Demain, je suis dans le quartier. Je peux passer à midi ?

En envoyant une carte de vœux, de vacances...

Et son CV, trois mois avant la fin de la scolarité, ou de la période de reconversion à la personne avec laquelle l'on a travaillé, après lui avoir téléphoné pour lui annoncer l'envoi, avec un mot motivé, et personnalisé rappelant... Au bon souvenir... Et les bons souvenirs.

§ 4 Le rapport de stage.

C'est un exercice de nature essentiellement "scolaire ", bien que certains rapports de stage, puissent être utilisés immédiatement, pour partie, par les entreprises, car réalisés par des stagiaires de "haut niveau ", ou des salariés en stages de conversion et/ou de perfectionnement.

Soit, parce qu'ils sont le premier travail demandé à un futur embauché.

Cette remarque, est d'ordre très globale.

Avant de recruter un salarié l'entreprise peut lui demander, "un mini audit" qui servira pour apprécier ses capacités d'analyse et d'intégration.

C'est ainsi également que de nombreux conseillers " d'officines de conseils" cessent de conseiller pour devenir acteurs.

Les " Bac plus deux ", en fin de scolarité, sont quelque fois concernés par cette hypothèse.

Les rapports de stage d'un " Bac plus deux ", première année, sont rarement vraiment très utiles, aux entreprises, sauf cas exceptionnels et… pour constituer ou confirmer des saisies de données.

Ou ce qui est cependant intéressant, être la base d'études complémentaires.

Ou, et nous retrouvons ce qui vient d'être dit, comme " test " préfigurant une éventuelle embauche.

D'où l'intérêt, dans tous les cas de l'exercice.

Bien entendu, le rapport doit être dactylographié, relié et entièrement paginé.

L'auteur, et le nom de l'entreprise doivent figurer sur la première page, ainsi que le thème, de façon claire et compréhensible !
Il est vivement recommandé :

D'éviter les sigles non définis.

De soigner, l'orthographe et la lisibilité, qui sont largement pris en compte.

Nous avons tendance à recommander, la rédaction d'un condensé de deux pages maximum, séparables du rapport, c'est :

Une fiche de synthèse précisant :

Le problème posé.
La méthodologie retenue.
Les résultats obtenus.
Les limites du travail.

A ce stade, il est essentiel d'être clair et synthétique.

En effet, il faut donner au correcteur l'envie de lire attentivement le rapport.

Nombre de pages du rapport :

Un croquis, m'en dit plus long, qu'un long discours. (Napoléon Premier)

Il n'y a pas de règles absolues.

L'on peut cependant suggérer les volumes suivants :

Plan : 1 à 2 pages.
Introduction : 1 à 3 pages.
Développement : Suivant le sujet.
Conclusion : 1 à 3.
Annexes : suivant le sujet.

Le plan :
Doit permettre par lui-même, de se faire une idée précise sur le cheminement de la réflexion.

A un journaliste, qui lui disait :
Je ne sais pas, comment commencer mon article.

Georges Clemenceau répondit :
Par le début !

Les titres, et les chapitres, sous chapitres, doivent être significatifs.

Détail :
L'introduction, doit permettre de comprendre le problème posé, indiquer dans quel contexte il a été traité.
Et définir, le chemin emprunté pour essayer de résoudre le problème

posé.

Le développement du rapport :

Le problème étant posé, il doit être tout d'abord, analysé en détail.

C'est, sur la base des résultats de cette analyse, que l'on proposera, avec prudence, une méthodologie de résolution.

Il faut alors indiquer, les moyens utilisés, même s'il n'a pas été possible d'utiliser ceux que l'on aurait aimer avoir eu à disposition.

Présenter les techniques utilisées.

Commenter les résultats obtenus, qui devront être présentés en détail, rapportés au problème, et critiqués.

La conclusion :

Elle doit situer le point ou l'on est arrivé.

Tout problème, fort heureusement, ou hélas ! n'est pas intégralement soluble dans le cadre étroit d'une étude.

Le temps, et les moyens peuvent manquer.

Il est donc impératif d'indiquer les limites de ce qui a été réalisé, en insistant sur ce qui a été fait, et comment.

Ne pas omettre de signaler ce qui pourrait être poursuivi, et comment.

Ce peut être l'occasion de négocier une poursuite de stage…

Pouvant être poursuivi par un contrat de travail à durée déterminé…

Pouvant être poursuivi par un contrat à durée indéterminé…

La première médaille du travail n'étant délivrée qu'après vingt ans de service !

Le rapport de stage n'est pas une fin en soi, sauf pour certains "profs", n'ayant qu'une vision sommaire de la vie des Entreprises ! Mais un début éventuel pour s'insérer dans le monde du commerce de l'industrie et des services.

Les annexes :

Par définition… Elles sont accessoires, et doivent le rester.

Les tableaux, graphiques, statistiques... Absolument nécessaires, indispensables à la compréhension du développement, doivent figurer dans le corps du rapport.

Ceux qui illustrent un point accessoire, doivent figurer en annexes.

A éviter à tout prix, les annexes : " Fourre tout ", qui augmentent en apparence le "poids", le volume du rapport, ne sont JAMAIS LUES, même par les certains profs dont il est question plus haut, et ne trompent personne !

En guise de conclusion sommaire sur le rapport de stage.

Un rapport de stage comporte deux dimensions, aussi indispensables l'une que l'autre.

Une dimension scientifique et technique : Un problème est posé, il faut le résoudre.

L'objectif est d'analyser un problème en grandeur nature, et pour se faire, utiliser des outils techniques connus.

Une dimension professionnelle, et personnelle dans un milieu professionnel, le stage se déroule dans un environnement très différent de la relation école-maître-élève.

L'objectif, est d'analyser les problèmes que pose l'organisation professionnelle dans le travail.

Et également, permettre d'apporter des pistes de réflexion sur la façon dont le stage a été vécu.

En voici le détail :

Expérience technique.

Il faut décrire aussi fidèlement que possible, la démarche intellectuelle suivie pour résoudre le problème posé.

Sans tomber dans le travers, d'une narration quotidienne des occupations.

Il est donc intéressant de bien faire sentir :

Quel était le problème ?
De quelle manière, il a été analysé.
Quelle solution a été adoptée.
De quels moyens l'on a disposé... Sans porter de jugement.

Quelques erreurs sont à éviter :

Raconter sa journée.

Nous avons souvent rencontré ce défaut :

Je prends le document, et je le remplis.
On reçoit les ordres des clients.
Alors je contacte le fournisseur.
A la lecture, je m'attends à apprendre :
Le téléphone sonne, alors je décroche.

Renvoyer à une documentation de type réglementaire. Elle ne sera pas lue !

Fournir des "listings " informatiques. Ils ne seront pas consultés !

Faire des remarques " tendancieuses ".

Donner l'impression que l'on a épuisé totalement le sujet, alors que dans la plupart des cas, un seul et souvent minime aspect, a été abordé, et souvent de façon imparfaite, incomplète.

Rappel : La conclusion doit, non seulement présenter le résultat auquel ont est parvenu, mais aussi indiquer les pistes d'approfondissement possibles.

L'expérience personnelle et professionnelle.

La manière de relater cette expérience est strictement personnelle.

L'expérience professionnelle doit être présentée dans son contexte, de façon à ce que le lecteur puisse juger au mieux.

Il ne faut pas critiquer de façon ostensible, en étant systématiquement négatif.

C'est à dire, qu'il faut faire preuve de prudence et de diplomatie, sans tomber dans la flagornerie, ou la platitude.

Il convient d'éviter de décrire uniquement, le milieu professionnel, en reproduisant la brochure "Grand Public ", ou l'organigramme officiel.

Dire en mots simples, ce que l'on a appris sur soi-même : "Connais-toi toi-même ! "

Il est possible, que le stage soit l'occasion pour l'étudiant de se rendre compte qu'il fait fausse route.

Travailler dans un dépôt pourri, dans une zone industrielle paumée... Vraiment ce n'est pas mon truc !

Dans la majorité des cas, l'on entend ensuite :

Et puis, la mission parlons-en ! Sans intérêt... On m'a laissé dans mon coin.

A l'évidence le stage a été raté, le rapport de stage le sera également inévitablement.

Nous le disons à nouveau, ce qui nous blesse, nous choque est plus instructif, constructif, que ce qui nous fait plaisir.

Je me suis trompé !

Il convient de ne pas l'annoncer de façon trop bruyante.

Et il est très maladroit, de faire porter par l'entreprise la responsabilité de l'échec.

Il faut s'expliquer, dire pourquoi, l'on s'est trompé, et dire sur la base de cet "échec ", relatif, comment l'on compte rebondir.

Il peut arriver également, que le stage soit un stage : Photocopies. Machine à café.

Le stagiaire serviable, est le grouillot de service.

Ou, il fait de la manutention, du classement... Nous l'avons vu, tient le standard.

Que faire ?

Prendre contact avec le responsable du stagiaire dans l'entreprise.

Il est en vacances !

Prendre contact avec l'école est - à mon avis - la bonne solution.

Mais souvenons-nous, cela a été dit deux fois :

Le stage n'est pas un droit.

Alors : Prudence

Et le rapport de stage ?

Facile !

Ne rien inventer.

Raconter ce que l'on a vu, compris.

Le risque est atténué, et la matière (le récit que l'on peut faire) plus abondante, lorsque le stage se déroule à l'étranger.

§ 5 Les stages à l'étranger.

Certaines institutions de formation, universitaires et post universitaires, envoient systématiquement leurs étudiants à l'étranger, en cours, ou à la fin de leur cycle.

Les objectifs des stages à l'étranger sont :

D'être, plus porteurs d'embauche pour de jeunes diplômés.

Un "plus", pour des études généralistes comme techniques.

L'occasion de faire "mûrir " plus rapidement les étudiants, tout en leur permettant de pratiquer "vraiment " une langue étrangère.

En effet, l'on ne recherche plus des personnes qui parlent l'Anglais, langue prise au hasard, mais lorsque l'on voit les résultats de son apprentissage en France aujourd'hui... Ou l'on rigole ou l'on s'inquiète... Que des personnages aient le culot de se prétendre "Professeur d'anglais ". Mais, fermons cette méchante parenthèse, l'on cherche des interlocuteurs parfaitement bilingues !

En conséquence qui ont appris... l'anglais sans avoir recours à un professeur d'anglais, français.

Enfin, les stagiaires à l'étranger ont, l'occasion d'acquérir des compétences professionnelles originales.

Les contraintes :

Le stage doit durer au moins trois mois.

Mais surtout, comporter une cohérence, avec le projet professionnel de l'étudiant. Partir pour partir, ne présente aucun intérêt.

Du moment qu'il ne s'agit pas de tourisme, toute expérience internationale présente des intérêts, mais à la condition que le séjour ait un objet, n'oublions pas qu'il s'agit d'un stage.

Les questions préalables :

A quel niveau d'études partir ? Les " bacs plus deux " sont concernés.

Combien de temps partir ? Nous l'avons dit : Un trimestre est un mini-minimum !

La bonne durée est un semestre, voir un an, à un an et demi.

Pour quel pays ? Il faut avoir une excellente vision du point de chute, afin de ne pas perdre de temps.

Partir seul ou par l'entremise de l'école ? Les entreprises savent en effet, reconnaître les héros !

Comment monter son financement ? L'expliquer lors de l'entretien d'embauche est un point fort, les entreprises savent reconnaître les héros, (déjà cité) les gens organisés, malins et prévoyants.

En guise de conclusion sommaire sur les stages en entreprises

Les entreprises prennent en compte :

Des critères généraux :

Présentation.
Dynamisme.
Force de travail.
Disponibilité.
Assiduité.
Ponctualité.

Et des critères professionnels :

Intégration dans l'entreprise.
Méthode et organisation.
Ouverture d'esprit.
Sens de l'initiative.
Connaissances professionnelles.

Chapitre 2 Le curriculum vitae.

J'ai souvent l'impression, hélas, que les "CV ", comme les prospectus, les "pubs" qui encombrent les boîtes aux lettres, passent directement, à la poubelle, sans être lus.

Pourtant, les commerçants continuent à nous arroser de tracts, et autres affichettes.

C'est donc, qu'ils pensent que ce mode de publicité a des effets bénéfiques.

La recherche de l'emploi est une véritable campagne commerciale.
Il est donc normal, indispensable, d'avoir recours, pour se vendre sur le marché du travail, aux mêmes méthodes, que celles utilisées par les commerçants.

En effet, certains prospectus retiennent cependant notre intention.

Les "CV " jouent donc un rôle, plus important, fort heureusement, qu'un prospectus commercial, dans la chasse à l'emploi.

Souvenons-nous, c'est la première question que j'ai posée à Jean-Jacques : Avez vous un C. V ?
C'est souvent la première question, ou l'une des premières questions.

Les objectifs du CV :
C'est un moyen de laisser une trace, une adresse, un numéro de téléphone.
C'est un fil d'Ariane durant l'entretien. Il sert de support, permet un déroulement chronologique de l'entretien, met en valeur certains aspects du demandeur.

§ 1 Les dix commandements.

1 - Il faut obtenir un maximum d'entretiens, toucher le plus de personnes possible.

Même si à première vue la personne qui reçoit le CV ne paraît pas celle que l'on recherche, elle connaît, peut être quelqu'un qui…

2 - Il faut se vendre, pas se vanter ! Vendez-vous en évitant l'autosatisfaction et le mensonge.

3 - Ne pas se diminuer.

4 - Vendre des services, ne pas " mendier un emploi ". Nous l'avons dit, il ne s'agit pas de vendre son problème, mais d'acheter celui de son interlocuteur.

5 - Donc, s'efforcer de comprendre l'offreur éventuel d'emploi. Le bon vendeur est celui qui jauge rapidement les besoins de son client.

6 - Le CV n'est pas une fiche de police. Il doit présenter les responsabilités qui ont été tenues, des réalisations.

7 - Ne pas hésiter à faire quelques omissions. Omission n'est pas mensonge. Toute vérité n'est pas bonne à dire.

8 - Quelques erreurs peuvent être fatales. C'est un des 10 commandements les plus importants.

9 - Chercher à éveiller la curiosité.

10 - En trois mots : **" SORTIR DU LOT ! "**

§ 2 Les maladresses

Lorsque l'on rédige un CV de même, que lorsque l'on se prépare, à un entretien, il faut toujours avoir en tête, les questions suivantes :

Quelle image, je désire laisser de moi ?

Est ce bien moi ?

Qu'est ce que l'on attend de moi ?

Qu'est ce que je peux apporter à mon interlocuteur ?

Les maladresses les plus faciles à éviter, portent sur les points suivants :

La forme du curriculum vitae.

Il faut éviter... Nous l'avons vu, dans certains CV... Dont on devine la destination immédiate : Des ratures, des surcharges.

Il faut éviter les formats et les présentations fantaisistes.

Il faut faire attention à la qualité du support papier.

Les CV "fleuves ", donnant l'adresse de l'école fréquentée en sixième... Nous l'avons vu !

A contrario, il n'est pas efficace d'envoyer un CV "confidentiel ".

La photo, ne doit pas être photocopiée, particulièrement pour nos amis africains et malgaches. Le risque, est d'envoyer un carré noir ou seuls deux yeux blancs apparaissent... Bien entendu, nous l'avons vu, c'est le cas de le dire !

Il faut, l'investissement est mince, la faire réaliser par un professionnel.

Être... Souriant.

Pour les garçons, avoir une cravate, le nœud papillon, peu porté peu étonner, le col roulé également.

Nous l'avons vu... Mais oui !

Un étudiant en première année d 'IUT, avait donné pour le " Trombinoscope " de la promotion, une photo d'identité le représentant avec son téléphone portable à l'oreille.

Pour se faire remarquer, il l'a été !
Malheureusement, c'était un étudiant particulièrement, comment dire ?
Médiocre.

Il a redoublé, lorsque nous parlions de lui, il n'était question que de son téléphone.
Voilà un moyen pas très malin de se faire connaître.

La mention " Curriculum vitae ", n'apporte rien, pas plus que d'écrire :

Nom : DUPONT
Prénom : Jean-Jacques !
On s'en doute un peu, Dupont n'est pas le prénom.

Le fond du curriculum vitae.

C'est une évidence, déjà rencontrée, l'on ne peut pas trouver dans le CV d'un "Bac plus deux ".
Le récit d'une longue, et édifiante, bien sur, vie privée et professionnelle.
Que penserions-nous d'une offre d'emploi, qui chercherait un "jeune " avec une longue expérience ?

La philosophie est celle d'une action commerciale :

Quel est "Mon plus ? "

Alors que :

Nous sommes tellement nombreux.

Cette question n'est pas propre aux "Bacs plus deux ".

Afin d'apporter un élément de réflexion, et de "sérénité ". J'ai, retenu les conclusions d'une étude portant sur les carrières militaires.

(“ Les officiers français, recrutement interne de 1875 à nos jours “).

Pourquoi ?

Les officiers sont tous (plus ou moins) formés dans les mêmes écoles, et visent tous au commandement supérieur, et pour très peu d’entre eux, aux postes ultimes de la hiérarchie et au niveau de leur compétence !

Ils constituent une population cohérente en âge, goûts, et nous venons de le dire, sortent des mêmes moules.

Il est donc intéressant de voir quelles sont les pertes “en ligne “, avant d’arriver au pouvoir suprême.

L’évolution des carrières est la suivante :

Sur la base d’un effectif (échantillon) de 1980 candidats officiers.
Seuls 330 d’entre eux deviendront lieutenants.
Sur les 330, 6 finiront capitaines.

Sur la base de 6 capitaines, un seul deviendra commandant.

Sur la base de 160 commandants, la moitié réussira le difficile passage par l’école de guerre.

Douze, parmi les 80 commandants brevetés “Ecole de Guerre “, deviendront lieutenants colonels.

Un seul des douze lieutenants colonels, deviendra colonel.

Continuons.

Sur quinze colonels, un seul deviendra général de brigade.

Et sur quatre généraux de brigade, un seul deviendra général de corps d’armée.

C'est dans ces limites que doit être comprise la maxime galvaudée qui assure : Que tout soldat a son bâton de maréchal dans sa giberne.

Vous le constatez, les candidats sont nombreux, et il y a peu d'élus, c'est un élément de réflexion, sans plus.

Ce qui fait la différence :

C'est "Le plus ".
Ce que les autres n'ont pas, ainsi pour un commandant réussir l'Ecole de Guerre.

Pour "Le plus", nous ne cessons de le dire : Il n'y a pas de recettes.

Vous, et vous seul, pouvez écrire, puis expliquez ce que vous avez fait, savez, savez faire, avez envie de faire.

J'ai le souvenir d'une étudiante "Bac plus 3 ", qui, après un BTS avait fait une année d'études complémentaires de façon astucieuse. C'est à dire dans une autre spécialité que celle de son BTS.
Elle m'a soumis son CV, qui était naturellement sans intérêt évident, et ressemblait donc, à tous ceux des "Bac, plus 2, et 3 " que j'ai pu voir.

Bac.
BTS.
Une année de spécialisation.

Je passe sous silence : le nom, le prénom, la date de naissance… C'est bien le moins qui doit figurer dans un CV !

A la rubrique :

Hobbies - Activités diverses : Rien.
C'est à dire ce que j'ai tendance à considérer comme Rien : Cinéma. Lecture.
Cela m'a paru très court.

— Voyons Mademoiselle, que faites-vous le dimanche, pendant vos vacances ?

— Je suis membre de la Croix Rouge, et je participe à une équipe qui récupère les automobilistes blessés sur la route.

— Et vous ne le dites pas !

— Non, je pensais que cela n'intéressait pas les gens.

— Excusez-moi de vous le dire, mais vous êtes folle, ou inconsciente, c'est la seule chose qui soit intéressante dans votre CV !

— Ah ! je ne savais pas.

— Bon, vous allez modifier tout cela, et tenez-moi au courant.

— Merci Monsieur.

A la différence de Jean-Jacques, elle m'a informé avoir trouver du travail peu de semaines après.

Le point : "Des activités diverses" est spécialement important pour " nourrir " un jeune CV, le CV d'un jeune et d'un moins jeune !

J'interroge un jour une jeune femme qui avait pour hobby annoncé : Lecture. Le CV était court, normal, globalement intéressant au strict plan technique. Afin de faire avancer le dialogue et mieux connaître mon interlocutrice, j'interroge:

— Vous lisez dites-vous ? Parlez-moi, s'il vous plaît, du dernier livre que vous avez lu.

Long silence. Je sens que ma question gêne, de quoi se mêle-t-il celui-là, semble penser la demanderesse d'emploi.

A nouveau long silence, nous en avons vu les mérites.

Et j'entends... Enfin...

— Le vélo jaune.

Gagné par une irrésistible hilarité je réplique :

— D'accord sur le moyen de transport, mais pas sur sa couleur.

La demoiselle avait lu, certes, mais à l'évidence un livre et un seul : La bicyclette bleue.

Son hobby n'était pas la lecture.
Alors, autant ne rien dire.

Il en est de même, de la pratique d'un sport.
VTT? Pourquoi pas? Mais, si cela se résume à faire un tour dans les bois le dimanche, il n'y a pas de quoi éveiller l'attention du lecteur-recruteur de façon significative, vous l'avouerez.

Autre chose est d'être membre de l'équipe de France de " VTT " ou, c'est déjà intéressant, d'une équipe régionale.
Nous y trouverons un sujet permettant de mieux se connaître.
— Quelles sont vos responsabilités?
— Votre budget?
— Vous vous entraînez seul? Avec votre groupe?

Un risque à éviter, peut-être mais, c'est vous qui voyez: Le "hobby " qui sort de l'ordinaire.

Mon fils cadet, au motif que l'un de ses grands-pères avait des ruches à la campagne faisait figurer:

Apiculture à la rubrique: " Activités diverses " de son CV.

J'ai trouvé l'idée excellente avec une réserve. S'il tombait sur un néophyte en apiculture, il pouvait faire une mini présentation crédible. Mais, serait-il de taille confronté à un apiculteur amateur certes mais amateur éclairé? Je n'ai toujours pas de réponse à cette question, mais mon fils a trouvé du travail c'est l'essentiel, et pas en raison de son hobby.

Nous l'avons dit, plus l'aspect technique est "faible", plus les ressources humaines sont déterminantes;

C'est vous et vous seul, nous le répétons - à dessein - qui savez qui vous êtes.
Votre personnalité, doit également apparaître dans la lettre de motivation, qui va nous retenir maintenant.

Chapitre 3 La lettre de motivation

Elle porte souvent le nom de lettre d'accompagnement, en effet, elle est jointe au CV.

Elle a pour but d'inciter le recruteur à donner un rendez-vous à son auteur.

Nous venons de le voir, le CV : "Il est ce qu'il est ".
Bien sur, il ne doit pas comporter les maladresses vues plus haut, et sur le fond indiquer, qui l'on est, et ce que l'on désire devenir.

La lettre de motivation est plus ciblée.

L'on imagine mal qu'elle soit photocopiée, elle est destinée à une entreprise.

Nous passons de l'idée :

J'ai envie (besoin) de travailler.

à celle :

J'ai envie de travailler avec vous, pour vous.

et :

Voilà pourquoi.

Elle doit donc être adaptée à chaque entreprise, et manuscrite.
Les habitudes françaises l'imposent.

La France est quasiment le seul pays ou la graphologie est utilisée presque systématiquement par les recruteurs.

Dans les pays anglo-saxons, la lettre de motivation est tapée à la machine.

La tendance actuelle est de la concentrer sur une seule page, c'est une question d'efficacité.

Ce n'est pas un exercice littéraire.

Il faut être clair, concis, ordonné, engageant et sobre.

C'est-à-dire, comme dans le CV :

Condamner impérativement les adjectifs. Car les faits parlent d'eux-mêmes !

Lettre de motivation et CV.

Une lettre ne peut répéter les éléments contenus dans le CV. La redondance n'est jamais conseillée.

Lettre de motivation et CV se complètent.

Le CV dit ce que vous avez fait, la lettre explique que vous êtes la personne adéquate pour le poste.

C'est pourquoi elle ne peut être que "sur mesure". A chaque poste, et à chaque entreprise, sa lettre spécifique.

Il n'y a pas de trucs, nous ne cessons de le dire, cependant les recruteurs plébiscitent la construction : " Vous. Nous. Et moi ".

Dans "Vous", vous donnez les raisons de votre attrait pour la société en question.

Dans " Nous ", sans doute la partie la plus importante, vous présentez ce que vous pourriez apporter à l'entreprise. Vos expériences précédentes dont les stages, les périodes de formation complémentaire, les déplacements professionnels…

Vos diplômes sont mis en avant pour prouver que votre contribution peut être payante.

Enfin, dans “ Moi “, vous avancez vos ambitions et faites part de votre projet professionnel.

La personnalisation est votre atout principal.

Enfin, n’oubliez pas le but de votre lettre: Une convocation à un entretien.

Vous devez donner envie d’être convoqué par le recruteur.

L’invitation à prendre rendez-vous peut être une bonne conclusion.

Surtout que vous aurez sans doute à téléphoner à votre éventuel recruteur, pour relancer votre candidature.

Un mot sur la graphologie, qui nous prépare au chapitre suivant.

Les analyses graphologiques de même que les tests, sont rarement utilisées, pour de ne pas dire pas du tout, lors du recrutement du premier emploi d’un “ Bac plus deux “.

Non, parce que graphologie et tests ne valent pas le coup, mais parce, qu’ils ont un coût!

Par contre, ils le sont encore pour les demandeurs d’emploi plus âgés.

A chacun d’en penser ce qu’il veut.

Chapitre 4 Les tests

Pas de panique ! Nous venons de le dire "Chacun en pense ce qu'il veut ".

Plus d'une grande entreprise sur deux fait passer des tests psychologiques lors des recrutements.

De la multinationale japonaise, à la P M. E de province, qu'ils s'appellent Sigmund, Protic ou ATX, les tests, sont très en vogue.

Même, si les américains en sont revenus.

Pour beaucoup de responsables du recrutement, il s'agit simplement de conforter une impression.

Ils permettent aussi, de vérifier l'adéquation entre le profil recherché et le candidat.

Rarement déterminants, à moins d'un avis totalement défavorable de la part du psychologue, les résultats des tests peuvent cependant, peser lourd dans la balance lorsqu'il s'agit de départager deux candidats en compétition.

Il peut donc être utile, de consulter l'un des nombreux ouvrages qui s'attachent à démystifier les tests.

Mais, c'est une idée que nous retrouverons :

Chassez le naturel, il revient au galop

Il est possible, bien que cela soit long, difficile, d'apprendre les "bonnes" réponses, ou celles, dont l'on pense qu'elles conforteront, l'image que l'on désire donner de soi.

Mais, cela ne sert à rien !

Chapitre 5 Les anciens élèves

La panoplie du chasseur d'emploi, ne doit rien négliger.

Ces dernières années, l'on avait tendance à oublier les associations d'anciens élèves, leurs réunions et leurs annuaires.

Malgré leurs faiblesses évidentes, dans certains cas, il y a là cependant, une mine à prospecter.

Elles sont florissantes dans les "grandes " écoles, essentielles dans les grandes et les moins grandes écoles de commerce, et leur rôle commence à être significatif dans de nombreux IUT, particulièrement dans ceux qui préparent à des spécialités pointues.

S'adresser à un ancien, lui demander des conseils, un stage, un emploi, une recommandation, cela se fait de plus en plus.

Les personnes en place, pour des raisons simples à comprendre, sont généralement plutôt bien disposées vis-à-vis de leurs cadets.

Mode d'emploi

Votre ancien, lorsque vous le verrez, commencera par vous demander, ce que vous avez fait pour trouver un emploi.

Donc, il faut déjà avoir un dossier bien fourni pour avoir recours, à quelqu'un qui a connu plus ou moins le même parcours que vous.

Deux sorciers ne peuvent pas se regarder sans rire.

Ce proverbe que j'aime tout particulièrement, signifie qu'entre initiés, il n'est pas possible de se raconter des histoires.

Ainsi, un sorcier apache qui aurait, outre un sérieux sens de l'humour, la vanité d'expliquer à un sorcier commanche, que, lui, il connaît la prière pour faire pleuvoir ferait doucement rigoler son interlocuteur car lui, le commanche, il sait qu'il n'y pas de prière pour faire pleuvoir en dépit de ce qu'il raconte à sa tribu.

Annoncer :

Dans telle matière je suis excellent, en effet, j'ai eu un tel comme prof !

C'est faire deux erreurs, utiliser un adjectif, et prendre un risque inutile.

Tu parles, un tel ! Moi, aussi je l'ai eu comme prof ! Et tu as compris ce qu'il t'a raconté ! (Le tutoiement est généralement de rigueur, sauf en cas de trop grande différence d'âge. Par contre, il est de mise, chez les professeurs et les polytechniciens.)

Un ancien, n'est pas non plus un confident.

Vous ne cherchez pas un psychiatre.

Considérez votre ancien… Comme un ancien, c'est à dire, quelqu'un qui peut vous faire bénéficier de son expérience, qui peut vous indiquer un chemin, des opportunités.

Mais, ne vous trompez pas, il ne le fera pas à votre place.

Pas de harcèlement téléphonique. Ce principe - absolu - vaut également pour le recruteur.

Si, un ancien ne veut pas vous parler, la cause est entendue. Tout le monde n'a pas l'esprit de corps.

Évidemment, quand les promotions sont importantes, la vie associative est moins développée, en tous cas, plus anonyme.

Néanmoins, certains anciens ont à cœur de relever le défi, et aiment à créer des chaînes d'amitié et de soutien qui valorisent une formation, par rapport à d'autres qui ont un passé plus ancien ou plus brillant. (Une fois encore… Polytechnique !)

Bien entendu, c'est une redite, soyez dynamique.

Si vous obtenez un rendez-vous, n'y allez pas pour vous effondrer nerveusement. Un ancien n'est pas un médecin.

Lorsque l'ancien est recruteur, vous pouvez tenter le coup est obtenir un entretien par ce biais.

Mais, l'on vous fera rarement de cadeau. En effet, il y a des normes de recrutement.

Ce n'est pas parce que vous avez fait la même formation que le recruteur, que vous allez bénéficier d'un passe droit.

D'ailleurs, en l'état actuel des choses, il n'y pas de passe droit, ni pour les élèves d'une même formation, ni pour le fils du P D G ou de ministre.

Quoique !

Les entreprises cherchent à survivre, donc, elles n'embauchent que les meilleurs et les plus efficaces.

Ne vous découragez pas, si vous n'aboutissez pas avec un ancien.

L'annuaire est plus ou moins complet, prenez d'autres contacts.

Un dernier avis : Préférez les anciens en fin de carrière, aux anciens qui ont quitté l'institution ou l'école, il y à moins de dix ans.

Ceux qui approchent de l'âge de la retraite, ont plus de relations, plus d'expérience… et… Plus de capacité d'écoute.

Chapitre 6 Les chasseurs… de têtes

Pour les premiers emplois, ils ne sont jamais utilisés.

Quelques mots ;

Ils étaient une demi-douzaine en 1970.

Ils sont aujourd'hui, près de 300 cabinets de recrutement et chasseur de têtes.

Leur mission : trouver le candidat idéal.

Leur technique consiste à contacter des cadres ou des ingénieurs, qui ne sont pas nécessairement demandeurs d'emploi pour leur proposer une opportunité.

Ensuite, le cabinet de recrutement présente les candidats potentiels, triés sur le volet, à l'employeur.

Ils doivent être capables d'appréhender " the right man at the right place ".

En période de crise, ils pratiquent également " l'out placement ", qui consiste à faciliter le reclassement d'un salarié, dont une entreprise désire se séparer, en proposant une aide à la réinsertion professionnelle.

Chapitre 7 Contenu du CV et de la lettre de motivation. Synthèse.

Ce qu'il ne faut pas oublier, même, et surtout, s'il n'y pas grand chose à dire :

Identité :
Prénom. Nom.
Adresse.
Téléphone (s).
Date de naissance.
Situation familiale.
Nombre et âge des enfants. (Pour les premier emploi des “ Bac plus deux “ la mention apparaît rarement !)

Formation initiale et complémentaire :
Date et niveau des derniers diplômes.
Formation complémentaire.
Langue étrangère : parlée et/ou lue, écrite comprise.
Séjours à l'étranger : durée, motif.

Expériences professionnelles et extra-professionnelles.
Date de l'emploi.
Nom et activités de l'entreprise, ses effectifs et sa localisation.
Poste occupé et tâches réalisées.
Résultats obtenus.

Loisirs :
Les passions, les sports pratiqués.
Les activités actuelles.

Le projet professionnel :
Il s'agit, de définir et développer ses ambitions et son choix de carrière.

Dans le prochain, et dernier titre “ Exercices pratiques de préparation et conseils divers “, l’on trouvera des éléments de réflexion.

Il faut lire ce qui suivra à petites doses.

Des questions sont posées, il n’y a pas de bonnes et de mauvaises réponses, mais une occasion de s’interroger sur soi-même.

Les exercices s’adressent spécialement à l’encadrement.
C’est à dire à des chercheurs d’emploi ayant déjà une expérience professionnelle
Mais également aux demandeurs de premier emploi.
Cela ne doit pas nous étonner, en effet,
Les “ Bac plus deux “, ont vocation à faire partie de l’encadrement : agents de maîtrise, cadres débutants, tout “Petit cadre”
Puis, en usant et abusant de la formation “continuée”, ils peuvent prétendre aux meilleurs postes des entreprises, les exemples abondent.

Pour mémoire : Les carrières militaires !

Titre VI Exercices pratiques et conseils divers

Chapitre 1 " Qui bien se connaît, bien se comporte."

Chapitre 2 Cadre : " Qui es-tu ? "

Chapitre 3 Typologie sommaire " Connais toi toi même "

Chapitre 4 Typologie sommaire " Quelle entreprise me convient le mieux ? "

Chapitre 5 Conseils pratiques.
§ 1 Comment s'habiller?
§ 2 Divers conseils " en vrac ".

Synthèse: Ce que recherche le recruteur.

Les dix commandements pour réussir dans son premier travail.

Titre VI Exercices pratiques et conseils divers

Dans la section 2, chapitre 1 du Titre " Techniques élémentaires de la vente ".

Lors de l'exercice : " Connais-toi toi même ", nous parlons, d'un moment essentiel de l'entretien : Le contact.

Il a été établi, il est bon.

Que faire alors ?

Nous l'avons dit : S'expliquer. Se faire connaître.

Il n'y a pas de trucs "miraculeux ".

Mais, il y a cependant une méthode qui, avec de l'entraînement permet de cibler l'objectif.

Se dire :

Il faut qu'à la fin de l'entretien mon interlocuteur sache que :

Je sais… Des choses
Je sais faire… Des choses
Je sais le dire.

Enfin, et c'est ce que nous allons voir.

Savoir, avec plus ou moins de certitude :
Comment l'on se comporte.
Ou, ce que l'on pense… Comment l'on se comporte… Comment l'on pense que l'on se comporterait… Dans les situations de la vie profession-

nelle.

Pour un jeune à la recherche d'un premier emploi, la réflexion est très largement différente, et plus courte, par nature, qu'elle ne l'est pour une personne plus âgée, qui n'en est pas, d'une part à ses premiers entretiens, et qui a une expérience de la vie en entreprise.

Il faut prendre les exercice pratiques qui suivent, comme des occasions de " faire le point ", de mieux se connaître.

En ayant en tête cependant: Qu'ils comportent des questions qui peuvent être posées lors d'en entretien d'embauche par un recruteur, désireux d'acheter un "bon produit ".

Chapitre 1 " Qui bien se connaît bien se comporte "

Le but recherché, dans ce questionnaire, est de nous inciter à réfléchir, sur nos attitudes devant les problèmes humains que nous avons à résoudre.

Il est fait de 21 mini-cas, représentant des situations courantes de la vie professionnelle.

Ainsi, que des idées générales sur le rôle du chef ou les attitudes de ceux qu'il dirige.

Pour chaque mini-cas sont proposés trois comportements ou trois opinions.

L'exercice consiste à réfléchir, sur ceux, ou celles dont on se sent le plus proche.

Rappel :

Il n' y a pas de bonnes ou de mauvaises réponses, mais, l'espoir d'une meilleure connaissance de soi-même.

Le choix sera parfois délicat.
Ne pas avoir de réponse, nette, franche est une indication.
Tiens au fait ! Comment je me comporterais ?

Chaque fois que sont utilisés, dans les énoncés, les mots " hommes ", " travailleurs ", etc. Le masculin ne représente qu'une simplification, il peut, évidemment, s'agir tout aussi bien de femmes que d'hommes.

La responsabilité numéro 1 de l'agent d'encadrement, c'est de :

Transmettre scrupuleusement, les directives qu'il reçoit lui-même de ses chefs.

Faire en sorte que les gens qu'il dirige, trouvent le plus de satisfaction possible dans leur travail.

Réaliser les taches qu'on attend de son équipe, en y intéressant les gens qu'il dirige.

Quand j'ai à prendre une décision qui concerne toute mon équipe :

Je la prends seul, car c'est précisément pour cela que l'on me paie.

Je réunis tous les intéressés, et j'en discute avec eux, de sorte à dégager notre décision commune.

Je demande à mon chef ce que je dois faire.

Quand arrive un nouvel embauché.

Je le mets au courant sans le bousculer, car je veux qu'il se sente tout de suite " en famille ".

Je lui explique son travail et pourquoi il se fait, ainsi et je reviens souvent le voir pour discuter de ce qui va et, de ce qui ne va pas.

Je lui donne des consignes, et je le préviens que je le jugerai à la tache.

Quand je réunis " mes gens ", c'est pour :

Confronter nos points de vue, régler ensemble les problèmes en cours, échanger nos informations.

Leur répercuter les directives que je reçois.

Bavarder avec eux, maintenir entre nous une bonne ambiance, leur remonter le moral si nécessaire.

Je m'aperçois que deux personnes de mon service sont continuellement " en bisbille" :

Nous nous réunissons tous les trois, pour trouver ensemble, une solution.

Je ne m'en mêle pas, c'est leur problème.

Je dis à chacun d'eux, qu'il a intérêt à se tenir tranquille.

Si on a l'impression que le moral de son équipe est en baisse :
Il vaut mieux :

Trouver une occasion de " réchauffer l'atmosphère " : Sortie, vin d'honneur, etc.

Ne pas s'en préoccuper, on a d'autres chats à fouetter.

Surveiller de près le travail : S'il est fait correctement, le reste n'a pas d'importance.

Un bon exécutant, c'est :

Un homme qui a compris l'intérêt de son travail.

Un homme qui ne me cause aucun souci.

Un homme à qui je peux inspirer de l'estime.

Décider pour un chef, cela consiste avant tout à :

Savoir ce qu'il veut, et l'obtenir.

Inciter les gens à prendre eux-mêmes leurs décisions.

Respecter les règlements en vigueur.

Le but de l'entreprise, c'est :

De fournir du travail aux salariés.

De mobiliser l'énergie des travailleurs, en vue d'une production dont ils se sentent responsables.

De produire, en utilisant au mieux les moyens disponibles.

Après une augmentation des salaires, un employé qui n'est pas satisfait vient me demander des explications :

Je lui dis que, s'il n'est pas content, la porte est grande ouverte.
Je le calme, en lui montrant les bons côtés de la situation.
Je l'écoute, et nous discutons ses motifs.

Au fond, ce qui intéresse surtout les gens, quand ils travaillent c'est :

La paye qu'ils touchent.
Qu'on les laisse en paix.
De sentir que le travail qu'ils font a une utilité.

Quand je répartis les tâches dans mon équipe :

Mon but est que chacun fasse le travail dans lequel il se sentira le plus efficace.
Je mets chacun au travail là où il le fait le mieux.
Je donne à chacun le travail qu'il préfère, ou qui lui déplaît le moins.

Ce que je pense de mes subordonnés, sur le plan professionnel :

Ne les regarde pas.
Je leur en dis les côtés favorables : Pourquoi faire de la peine ?
Je leur dis, en totalité au cours d'entretiens périodiques, ou nous faisons le point de leur évolution.

Je m'aperçois que quelqu'un fait un travail " à sa manière " et non de la façon prescrite :

Peu importe, pourvu qu'il le fasse.
Je l'encourage, puisqu'il fait preuve d'initiative.
Je lui donne l'ordre, une fois pour toutes, de faire comme il est prescrit.

Devant une décision que j'ai prise, un de mes employés me dit: " Ce n'est pas juste " :

Je lui dis, qu'il n'a pas à discuter et que s'il insiste, il aura affaire à moi.
J'en parle avec lui, pour connaître les raisons de la position qu'il prend.
Je lui dis, qu'il est bien libre de penser ce qu'il veut.

En fait, ma fonction consiste principalement à:

Veiller, à ce que tout le monde s'entende le mieux possible.
Favoriser le développement de mon personnel, ce qui entraînera une meilleure efficacité.
M'assurer que le travail est bien fait.

Informer le personnel fait partie de mon rôle. Cela signifie:

Je dis à chacun, ce qui lui est nécessaire pour faire correctement son travail.
Je transmets à tout le monde les notes de service.
J'insiste sur les bonnes nouvelles, et je rassure quand il y en a de mauvaises.

Pour que les gens ne posent pas de problèmes: Il faut:

Qu'ils se sentent à l'aise, décontractés, en confiance.

Qu'ils aient les moyens de les résoudre par eux- mêmes, ou avec mon aide.

Que je ne leur laisse pas l'occasion d'en poser.

Un vrai chef doit :

Laisser son personnel se débrouiller.

Rendre le travail le plus agréable possible, malgré toutes les contraintes inévitables.

Savoir s'imposer en toutes circonstances.

Un programme de travail bien établi :

Indique clairement à chacun ce qu'il doit faire et ne pas faire, faute de quoi c'est la pagaille.

Doit être défini avec l'accord de ceux qui auront à le réaliser : Ils le respectent alors eux-mêmes.

Reste suffisamment souple pour que chacun puisse s'en accommoder au mieux.

Ma plus grande fierté, c'est de me dire :

Personne n'a rien à me reprocher.

Les gens que je dirige m'aiment bien.

Si je réussis, ce sera avec toute mon équipe.

Mes résultats parlent pour moi.

Il est vivement recommandé aux lecteurs de prendre un peu, beaucoup, énormément, de repos avant de passer à l'exercice suivant !

En effet, quand l'on sait tout, on ne prévoit rien.

Quand on ne sait rien, on prévoit tout.

Chapitre 2. “ Cadre qui es-tu ? “

L’exercice suivant, qu’il faut également considérer de façon, différente selon que l’on cherche un premier emploi, ou non, complète “ Qui bien se connaît bien se comporte “.

Il a été élaboré par Bernard CATEHELAT et Mike BURKE psychosociologues du Centre de communication avancée du groupa Havas Eurocom.

Il s’appuie sur dix années de recherches, portant sur le style de vie de cadres.

Certains points abordés, pourront paraître (relativement) “ hors de portée “ ou sans rapport, avec la situation d’un jeune demandeur d’emploi.

Mais à l’évidence, on le constatera, il s’applique à tout être humain.

Sur ce point, alors que j’étais déjà “un peu vieux “, dans tous les cas, pas demandeur d’un premier emploi, un recruteur au demeurant fort sympathique, d’autant plus sympathique qu’il m’a recruté, m’a posé la question :

Quelles sont vos principales qualités? Quels sont vos principaux défauts ?

C’est un grand “classique “, la question “ bateau “ des entretiens d’embauche.

Je me souviens m’en être tiré, par ce que j’ai cru être une pirouette, en donnant trois qualificatifs considérés, alternativement, comme un défaut et une qualité.

Sur le coup, j’ai trouvé la ficelle un peu grosse.

Nous a-t-elle abusé ou amusé l'un et l'autre ?
Ou amusé et abusé ?

Ayant connu et apprécié, celui qui allait être mon patron, je pense que je l'ai amusé, car s'il avait cru que j'espérai, l'abuser, il ne m'aurait jamais recruté.

Quoi que !

Pour ma part, je me suis trouvé si ce n'est brillant, du moins malin.
Je ne saurai jamais ce qu'a pensé, mon "acheteur " (de talent et surtout de mes talents !)

Mais l'affaire était faite. Et, nous avons travaillé ensemble pendant plus de vingt ans.
L'on connaît des mariages "d'amour " qui durent amplement, moins longtemps.

Mon patron m'a quitté... La retraite !.....Dont on nous rabat les oreilles.
Il n'a jamais été question de divorce entre nous, sans doute en raison de sa grande patience.

L'exercice de réflexion : " Cadre qui est-tu ? "
Porte sur :
Les objectifs professionnels des personnes au travail.
Leurs relations avec leurs collègues.
Leur style personnel de management.
Leur système de valeurs.
Et enfin les récompenses, ou satisfactions, qu'elles recherchent dans le travail.

Comme dans l'exercice précédent, il n'y a évidemment pas de bonnes ou de mauvaises réponses.

Cela va sans dire, mais encore mieux en le disant !

Règle du jeu: Les questions ont pour but d'inciter à la réflexion, et donc, à se préparer, pour répondre à un recruteur, afin de se présenter, de s'expliquer.

Les objectifs professionnels

Quelles sont les qualités que vous pensez pouvoir mettre au service de l'entreprise?

Aimez-vous prendre des initiatives?

Combien de temps estimez-vous devoir rester dans l'entreprise pour y atteindre vos objectifs?

Et lesquels?

Comment comptez-vous partager votre vie professionnelle et votre vie familiale?

Le travail, pour vous, c'est un métier ou une lutte?

Aimez-vous convertir les autres à vos idées?

C'est quoi le pouvoir?

Attachez-vous de l'importance à votre image?

Comment vous y prendriez vous pour présenter des nouveautés techniques?

Aimez-vous prendre des risques?

Comment envisagez-vous votre carrière pour les prochaines années?

Les relations avec les collègues

Comment vous voyez vous?

Objectif.

Rationnel.

Un peu froid, mais équilibré.

Lointain.

Désintéressé.

Etes vous à l'aise dans un petit groupe?

Plus respectueux, ou admiratif vis-à-vis de ceux qui produisent que de ceux qui vendent ?

Comment réagissez-vous aux contraintes qu'imposent les relations dans l'entreprise ?

Etes-vous :
Egocentrique.
Dynamique.

Pour vous, l'entreprise ?
C'est un tremplin, non un but en soi.

Le style personnel de management

Déléguez-vous aisément le pouvoir ?
Croyez-vous quand travaillant lentement, l'on commet moins d'erreurs ?
La qualité doit-elle primer la rentabilité ?
Pensez-vous qu'il est facile, ou agréable de travailler avec vous ?
Etes-vous quelque fois impertinent ?

Etes vous ?
Autoritaire.
Doctrinaire.
Intuitif.

Votre style ?
Emotionnel.
Humaniste.
Efficace.
Affectif.

Pensez vous qu'une vache heureuse donne plus de lait qu'un vache battue ?

Le système de valeurs

Croyez-vous en une certaine moralité ?
Dans la justice aussi ?

Etes vous rassuré ?
Par la stabilité.
La durée.
L'ordre.

Pensez-vous, que rester longtemps dans la même fonction vous donnerez du poids ?

Etes vous un défenseur des traditions ?

Etes vous exigeant avant tout, sur la qualité de la production ?

Les normes sont-elles pour vous des critères d'excellence ?

Pensez-vous que vous cherchez la sécurité dans la permanence de l'organisation, que ce qui est bon pour l'entreprise, est bon pour vous, que vous adhérez aux valeurs de l'organisation, car elles sont des garanties dans un monde difficile ?

Pourquoi ne pourrait-on pas s'amuser en travaillant ?

La famille avant tout !

Mes valeurs ?
Ce sont mes désirs !

Il n'est pas question d'assurer la survie de l'espèce, mais simplement ma survie !

Mes valeurs ?
Réussir, être un leader.

L'efficacité, être un adversaire mordant, mais en restant loyal et humain.

Croyez-vous à l'importance de vos idées ?

Ne pensez-vous pas, un peu cyniquement :
Qu'il est important " d'avoir l'air de...", car tout est relatif.

Croyez-vous que ce qui compte réellement :
C'est la compétence professionnelle ?
Car, elle est plus importante que le talent politique.

Faites-vous face aisément aux problèmes quotidiens ?

Les récompenses recherchées dans le travail

Souhaitez vous attirer la reconnaissance ?

Visez-vous des responsabilités de plus en plus élevées ?

Mes attentes ?

Augmentation de salaire, et accumulation des points de retraite.

Souhaitez vous accroître votre autonomie personnelle ?

Pourquoi ?
Pour mieux produire.
Contrôler.
Transmettre " la bonne manière " de faire.

Une augmentation de salaire ?
Certes, mais également des marques d'approbation, confirmant que vous êtes estimé par l'organisation.

Désirez-vous plus de temps libre ?

Voulez vous être le “ CHEF “ ?

Tout en restant dans l’ombre, recherchez-vous, une position de force, de pouvoir, ou personne ne puisse vous atteindre ?

Rêvez-vous d’influencer le monde professionnel ?

Recherchez-vous plutôt l’influence que la récompense matérielle ?

Pour vous, obtenir la reconnaissance des autres c’est ce qui compte le plus ?

Voulez vous prouver qu’on peut vivre une vie de famille réussie tout en étant aussi un bon professionnel ?

La récompense pour vous ?

Être un “ champion “ reconnu dans son métier.

La réussite ?

Non le pouvoir !

A partir des analyses des réponses, les auteurs de l’enquête ont imaginé une typologie des personnes en situation professionnelle.

Comme toute typologie, elle est caricaturale.

Nous ne la présentons, que comme un élément supplémentaire de réflexion.

En effet, dans ce coktail unique que constitue chaque personnalité rien :

N’est tout noir ou tout blanc.

Tout autoritarisme, ou tout laisser faire… Et heureusement !

Chapitre 3 Typologie sommaire. Essai de caricature. “ Connais toi toi même “

L’enquête a permis de dégager des “ caricatures “.

A chacun d’y trouver son compte, mais nous l’avons dit, une personnalité c’est un coktail !

Le chancelier. (Grand chancelier de la Couronne à qui était confiée la garde des sceaux)

Le type du “ chancelier “ est quelqu’un d’équilibré, enclin au rationnel, au dialogue, au consensus.

Ses valeurs sont : la justice, le bien commun, la compétence.

Son objectif : faire progresser l’organisation à laquelle il appartient et, si possible sa société, en appliquant un code moral dans lequel le bien collectif est plus important que les intérêts particuliers.

Moraliste, souvent idéologue, en ce qui concerne l’entreprise, et la façon dont elle doit être dirigée.

Il allie dans son travail, un pragmatisme efficace, avec des options morales.

Le bureaucrate.

Coincé, entre les décideurs et les exécutants, le “bureaucrate “ se voit, comme un rouage dans un appareil immuable auquel il envisage de ne rien changer.

Il a fait sienne la logique de l’organisation. Et même temps, il en est le prisonnier.

C’est un conservateur, partisan de l’ordre et de la permanence, dont l’objectif est de survivre pour gravir à la longue les échelons de la hiérarchie.

Il ne semble pas qu’il soit très impliqué, dans les objectifs de son entreprise.

Il dresse une barrière étanche entre sa vie privée, et sa vie professionnelle.

Au bureau, il a tendance à régler les problèmes embarrassants, en les évacuant soit vers ses supérieurs, soit vers ses subordonnés.

Le méticuleux.

“ Espèce “ pratique, le “ méticuleux “ aime appliquer, les recettes, les formules, les modèles tout faits.

La stratégie, de l'entreprise l'intéresse moins que le respect des normes techniques.

Il met sa fierté dans la connaissance de son métier et l'accomplissement d'un travail dont la qualité soit reconnue, mais n'est pas à l'aise si on lui demande une recherche dont les objectifs et les moyens ne sont pas clairement définis.

En réalité, son perfectionnisme dissimule le fait qu'il est peu sûr de lui.

Voilà pourquoi il préfère les règles, le conformisme, l'expérience, les habitudes, à l'innovation et à la curiosité.

Avec les autres, il entretient des relations formelles de service mais préfère travailler seul.

Fidèle à l'entreprise et à ses traditions, il déteste les bouleversements des structures et de méthodes.

Le fidèle.

Le “ fidèle “ est entré dans l'entreprise comme on entre dans les ordres, et en contrepartie, accepte ses exigences et la dépendance qu'elle lui impose.

Il se veut exemplaire, irréprochable, loyal à l'égard des règles de l'organisation.

Il rêve que cette attitude respectueuse lui permette de se hisser un jour, au niveau des notables. Et il pense s'assurer ainsi, contre les risques de la concurrence de confrères plus agressifs que lui.

Vis-vis-d'autrui, il cherche à se forger une image d'homme de bonne volonté, facile, avec qui l'on finit toujours pas s'entendre.

Il est prêt à sacrifier ainsi, certaines valeurs de sa vie privée à ses obligations professionnelles.

Le frontalier.

Pour le " frontalier ", l'important est de vivre de la façon qui lui paraît la bonne, même si c'est en marge.

Dans l'entreprise, beaucoup le trouvent, irritant ou anarchiste.

Et il est vrai qu'il apparaît souvent déphasé ou désabusé. Pourtant, quelqu'un comme lui peut se révéler un utile ferment de changement, tant dans les rapports internes qu'avec le monde extérieur. Il n'a pas son pareil pour mettre le doigt sur les routines et les défauts du système et pour proposer des remèdes nouveaux, auxquels personne n'avait pensé.

C'est un homme d'émotion et d'intuition. Sa vie privée est riche, et il est persuadé que dans le travail, plaisir et rendement peuvent très bien cohabiter.

Le conquistador.

Dans son travail comme dans la vie, le type " conquistador ", est combatif, ambitieux, opportuniste et débrouillard. Il sait s'organiser, mais aime aussi bousculer les habitudes des gestionnaires et, surtout, s'estime prédestiné de droit divin à survivre et à commander. Caractériel, intuitif, il n'hésite pas à recourir à la ruse et au "système D ", pour s'établir en position de force dans l'entreprise.

Affectivement, et effectivement!......Tout lui est bon: Séduction, paternalisme pour étendre ses conquêtes.

Il est possible, pourtant, avec l'âge, que son agressivité s'émousse quelque peu.

Et la vie privée?

Eh bien, c'est simple, il n'en a pas!

Sa personnalité, s'investit toute entière dans la réussite.

Le franc tireur.

Pour le " franc tireur", l'entreprise n'est qu'un tremplin, en vue d'atteindre la réussite.

Une réussite purement individuelle, d'ailleurs, à laquelle il sacrifierait aussi bien ses collègues, que sa vie familiale. Visant un objectif mystérieux sans doute, plus passionnel que rationnel, il mène ses manœuvres, dans l'ombre, ignorant l'esprit d'équipe, les relations humaines et les exigences de l'organisation.

Un égocentrique, enfermé dans son désir de pouvoir.

Le visionnaire.

Le " visionnaire ", est porteur d'un grand dessein qui changera le monde, d'un idéal religieux, politique, en tous cas transcendant largement les limites de l'entreprise.

Un peu rêveur peut-être, bien que solidement impliqué dans sa vie professionnelle, il ne cesse de prêcher avec passion, avec ferveur, pour ses idées, persuadé de son devoir d'agir là, où il est pour faire évoluer dans le bon sens l'organisation et la
société.

Le chaman. *

Le terrain d'action du " chaman", c'est l'image de l'entreprise, à l'intérieur et à l'extérieur.

Aux autres, de travailler la matière, lui, il manipule des symboles.

De même, en ce qui concerne son objectif professionnel, les résultats, comptent moins, que l'opinion qu'ont les autres sur ce qu'il fait, voire sur ce qu'il pourrait faire.

Quelque peu comédien, il excelle à obtenir le maximum d'effet pour le minimum d'effort.

Sa force ? L'intelligence, l'intuition qui lui permettent, de capter les courants d'idées naissants, de devancer l'opposition et d'amener le concurrent (ou le client) sur le terrain ou il sait qu'il est, lui, le chaman, le plus fort.

Le technocrate.

Le type du " technocrate ", se caractérise d'abord par un souci de rigueur dans la pensée, de logique scientifique, qu'il applique à tout, aux autres comme à l'organisation.

Une entreprise spécialisée dans une technique de pointe, machine complexe et efficace, tout au service du progrès matériel, voilà, ce qu'il admire le plus.

Les succès commerciaux, en revanche le laissent plutôt froid et il n'hésitera pas à quitter son entreprise si celle ci rencontre quelques difficultés.

En tous cas, c'est à la société des hommes, de s'adapter aux exigences de la technique et non l'inverse.

L'équilibriste.

Ah ! Quelle personnalité compliquée !

"L'équilibriste " est persuadé de sa valeur, mais estime que c'est à l'entreprise de l'apprécier non à lui de " faire la roue ".

Pur et dur, il n'hésite pas à requérir ouvertement contre les incompétents, mais a besoin d'un parrain qui l'encourage, le conseille, le défende.

Il est habile dans la négociation et les relations humaines, mais se sent mal à l'aise dans les combines politiques, les réseaux, les mafias.

Il est déchiré en permanence, entre la crainte de négliger sa famille pour le travail, et celle de négliger son travail pour la famille.

C'est souvent un autodidacte intelligent, qui a longuement fait carrière.

Il n'a pas d'idées très claires sur son avenir et craint de prendre des risques.

Le joueur.

Bonne étoile, "Baraka "…. La chance joue un grand rôle dans la vie professionnelle du " joueur".

Il meurt d'envie d'être " reconnu " par ses pairs, de triompher devant un public.

Dynamique, intelligent, efficace, il cherche sans cesse à améliorer ses performances professionnelles.

Le " joueur " pratique volontiers le dialogue et le contact personnel, mais à condition d'être le capitaine de l'équipe, et, bien sûr, que son équipe l'emporte sur la concurrence externe et interne.

Il est à l'aise quand tout change autour de lui, mais se noie un peu dans les détails du travail opérationnel.

Sa vie privée est souvent sacrifiée à sa vie professionnelle.

Si les types de salariés et de cadres donc, sont très variés, les types d'entreprise, ne le sont pas moins.

Entre les unes et les autres, on ne saurait établir de correspondance univoque.

Néanmoins, qu'il existe des affinités.

En confirmant le caractère caricatural, très relatif… L'expérience, confirme, ce qui vient d'être abordé, nous allons voir maintenant quelques personnalités… Egalement caricaturales, d'entreprises.

*** Chaman** :

Pour ceux qui l'ignoreraient, un chaman est un prêtre, magicien de certaines religions d'Asie septentrionale, d'Amérique du Nord, etc… Qui communiquerait avec les esprits en utilisant les techniques de l'extase et de la transe.

" Deux chamans, ne peuvent pas se regarder sans rire ! "

Chapitre 4 Typologie sommaire. Essai de caricature. “Quelle entreprise me convient le mieux ? “

Il n’y a pas de correspondance univoque, nous venons de le dire, entre ce que nous sommes et les entreprises.

On a repéré douze types de cadres, nous allons voir huit types d’entreprises.

Il en est de même, toutes choses égales par ailleurs dans les couples.

Telle épouse comprendra plus facilement que “ l’époux chéri “ se passionne pour la retransmission d’un match à la télé, si elle est, elle-même une championne sportive.

Tel mari gourmet, se félicitera d’avoir rencontré une fine cuisinière, gourmande de surcroît.

Etc… Etc

L’entreprise administrative.

Durer, contre vents et marées, maintenir l’organisation et le système qui la font vivre : Tel est l’objectif primordial de l’entreprise “ administrative “.

La production ou le service, ne sont qu’un prétexte.

Le véritable but est de persévérer, en se protégeant du monde extérieur.

Les critères de qualité sont : Le formalisme, la cohérence avec le règlement, la prudence.

Certaines administrations, universités ou entreprises (encore) nationalisées

(Quoique !) correspondent à ce profil.

Le type de cadre qui s’y adapte le mieux, est évidemment “ le bureaucrate”.

La commerçante.

L'entreprise " commerçante " a pour objectif premier de produire et de vendre.

Sa croissance, parfois désordonnée, elle la cherche dans ce qu'elle sait déjà faire.

Ses leitmotivs : Le dynamisme, l'opérationnel, l'activité.

Sa stratégie : Dominer le marché grâce à son esprit d'entreprise. C'est un profil que l'on rencontre souvent parmi les P. M.E.

L'entreprise " commerçante" recherche un type d'homme opportuniste, capable de profiter de toutes les occasions qui se présentent sur un marché qu'il connaît bien : un peu " conquistador", un peu " joueur ", parfois " fidèle".

La hiérarchique.

Monolithique, pyramidale, hermétique, l'entreprise " hiérarchique" a pour objectif une croissance ordonnée, et linéaire sur le modèle du passé : augmentation du volume par la standardisation et par la simplification.

La hiérarchie y est extrêmement autoritaire : Un désaccord avec la politique maison est considérée en général comme une source de conflit, à éliminer.

Certaines grandes entreprises françaises, souvent de tradition familiale, anciennes, et appartenant à l'industrie lourde, répondent à ce profil.

On y recherche des cadres de type : " fidèle ", " méticuleux ", " franc-tireur ", qui peuvent par hasard, y trouver leur chance.

La managèriale.

Dans l'entreprise " managériale", on applique toujours et partout, à tort ou à raison, les principes testés pragmativement.

Gestion, ventes, techniques, sont soumises à un perfectionnisme constant, avec un attachement tatillon, aux détails.

Les procédures inscrites dans une bible à l'efficacité supposée, scientifiquement prouvée dominent l'homme, et les performances font la loi.

Les grandes multinationales de lessives, sont un exemple de ce modèle.

Les cadres qui leur conviennent sont de types divers : " bureaucrate", " fidèle", mais aussi, " franc- tireur" et " chaman".

La manœuvrière.

Multiplier les centres de profits, couvrir les marchés grâce à une capacité de réponse rapide sur le terrain, voilà ce que vise l'entreprise " manœuvrière ".

Ses structures doivent s'adapter aux situations spécifiques : Aussi est-elle organisée en départements et filiales décentralisées, groupées en étoiles autour d'un holding central.

Un exemple : Danone.

Les responsables disposent d'une relative autonomie.

On leur demande de l'initiative, l'important étant de discerner, dans les demandes du marché, celles que l'offre de l'entreprise peut satisfaire.

Le type " chancelier", peut très bien y réussir, ainsi que "l'équilibriste ", comme " le chaman ", et même, le " franc- tireur " ou le " conquistador ".

La prospective.

L'objectif de l'entreprise " prospective " est de suivre la demande et, si possible de la précéder.

Elle est structurée en cellules polyvalentes, relativement autonomes, afin d'assurer au mieux " l'écoute " des besoins.

Sa stratégie consiste à détecter au plus vite les courants porteurs.

Ses mots d'ordre : Souplesse et diversification.

S'y épanouissent, les cadres de type "chaman", "joueur ","équilibriste "conquistador".

La conquérante.

Ce qui domine dans l'entreprise " conquérante ", c'est la volonté de dépasser la concurrence sur tous les terrains : Innovation, ventes, qualité de la technologie et du management, et la rapidité de réaction à la demande.

Elle est organisée, pour concevoir rapidement de nouveaux

programmes de production.

La responsabilité et l'autorité sont déléguées à tous les niveaux, jusqu'aux ouvriers.

Certaines entreprises japonaises donnent de bons exemples de cette attitude conquérante.

On y demande aux cadres une intelligence réaliste.

Le " frontalier ", le " joueur ", le " technocrate ", le " visionnaire ", autant de tempéraments qui peuvent s'y sentir à l'aise.

L'innovatrice.

Il s'agit, pour " l'innovatrice" de créer la demande par l'innovation, qui périme la production des concurrents du secteur.

Pour cela, l'entreprise " innovatrice " adopte une structure légère, non hiérarchique, axée davantage sur la matière grise, que sur le " hardware".

Groupés souplement en commandos, les cadres déploient, imagination et intuition, avec des systèmes de gestion et de contrôle légers, mais efficaces.

L'informatique, fourmille d'entreprises de ce genre, modèle " Silicon Valley ".

C'est le terrain d'action le plus favorable, tant pour le " frontalier ", que pour le " visionnaire ".

Parenthèse :

Depuis des années, m'adressant aux " Bac plus deux ", étudiants en IUT., je leur dis:

Ici, pendant deux ans, vous allez acquérir des connaissances techniques, vous permettant de commencer à travailler en entreprise rapidement, et à des postes, ou vous aurez à prendre des responsabilités, d'abord mineures, puis de plus en plus lourdes.

Vous allez donc, devoir prendre la parole, écrire, pour expliquer ce que vous attendez des collaborateurs de la maison.

Le point essentiel est: " Expliquer".

Nous supposons, vœux pieux hélas, quelque fois !

Que vous avez appris à apprendre, à " l'école " pour passer le bac, qui généralement vous a été remis, après que vous ayiez passé une journée et demi à composer.

Avant le bac, si l'on vous pose une question, la réponse qu'elle suggère et exacte ou pas.

Quelle est la hauteur du Mont Blanc ?

Vous le savez, ou vous ne le savez pas.

Il y a une tolérance, dans l'ignorance, et un ordre de grandeur sera satisfaisant pour certains professeurs... D'autres seront intransigeants, c'est le cas de le dire, il y a plusieurs écoles.

Dans l'enseignement supérieur, court et technique, il est nécessaire d'acquérir des connaissances techniques, mais surtout, il est indispensable de savoir les présenter, les expliquer.

Ainsi, je ne vous poserai jamais la question :

Quel est l'écartement des rails de chemin de fer au Balouchistan ? (Qui comme chacun sait... Est une province du Pakistan Occidental)

D'abord, parce que cela ne vous servira jamais à rien de le savoir, ensuite parce que je m'en moque... Je ne suis même pas certain qu'il y a un réseau de chemin de fer au Balouchistan.

En toutes hypothèses, ni vous, ni moi n'y pourrions rien changer, ce qui du reste ne retire rien au charme vraisemblable de cette région que je ne connais pas.

Quelqu'un connaît ?

Ma remarque, ouvrant aux étudiants une voie royale pour ne rien faire, a généralement un succès certain.

Nouvelle rencontre

Monsieur PEYREL, comme je suis contente de vous voir !

C'est formidable, et partagé, la satisfaction qu'ils ont tous et toutes à me retrouver.

C'est très sympathique, quand bien même, cela ne me rajeunit pas.

Bonjour Mademoiselle ! Mademoiselle ?

Isabelle.

Bonjour Isabelle, entrez dans mon bureau un instant. Ou allez-vous ?

J'ai rendez-vous avec Monsieur Dominique V.

Vous cherchez donc du travail. Je sais que mon ami, et collègue Dominique cherche quelqu'un, nous en avons parlé en déjeunant.
Son bureau, n'est pas loin.
Troisième porte à gauche.
J'espère que cela se passera bien, vous verrez, Dominique est très sympa. Il a des enfants de votre âge, et comme moi, il est prof vacataire.
A bientôt, Dominique me racontera.

En effet, Dominique m'a raconté.

Après les banalités d'usage, Dominique a posé la question suivante :

Quel est l'écartement des rails d'un chemin de fer ?
(Notons qu'il ne précise pas au Balouchistan)

Réponse immédiate d'Isabelle :
Ecoutez, il faudrait vous mettre d'accord ! Monsieur PEYREL, votre collègue et ami, nous a dit et redit que cela ne servait à rien d'apprendre ça

par cœur. L'écartement des rails d'un chemin de fer. Je n'en sais rien!

Comme elle est prudente et bien élevée, elle n'ajoute pas qu'elle s'en fout, mais elle a une mimique (paralangage) qui le confirme.

Bon! dit Dominique. Deuxième question: Quel est le volume d'un canapé?

Isabelle, qui commence à trouver Dominique un peu (beaucoup) pénible, répond : Je ne sais pas trop... 10 m3

Troisième question: Combien pèse un congélateur?

Isabelle, plonge dans un abîme de perplexité. Elle pense que l'entretien est raté, elle lance n'importe quoi.

Je ne sais pas... 100 kg.

Dominique, qui en sait assez sur Isabelle, n'a ni le temps, ni le sadisme de faire durer le plaisir.

Il s'explique:

Voyez-vous Mademoiselle, mon travail, consiste à importer un grand nombre des produits, dont, des canapés de salon, et des congélateurs.

Nous les recevons, ensuite, les marchandises sont transportées en France, par le service de Monsieur PEYREL.

Il est important pour nous, de travailler avec des collaborateurs, qui ont du sens pratique et du bon sens.

Je me doute bien, que vous ne connaissez pas les réponses à mes questions, mais ce que je recherche c'est, comprendre votre mode de pensée, votre façon de raisonner.

Je vous demande simplement d'approcher la réalité.

Ainsi voyez-vous Mademoiselle, la semaine dernière j'ai reçu une candidate, elle a fait les même études que vous, et a votre âge.

A ma première question, elle a répondu:

De l'ordre de 1 mètre 50.

J'ai répondu:

Oui, c'est l'ordre de grandeur, mais ce qui m'intéresse, c'est comment vous êtes parvenue à ce résultat.

Eh bien, c'est simple, j'ai vu un western à la Télé.
Des méchants, avait allongé un gentil, ligoté, sur les rails du chemin de fer, il avait la tête sur un rail et les genoux, sur l'autre.
J'en ai déduit : 1 mètre 50.

Fermons la parenthèse.

Merci Dominique.

Merci Isabelle, qui a trouvé du travail dans l'entreprise. Pas chez Dominique, elle avait des qualités, et nous sommes convenus qu'il serait dommage de la laisser partir à la concurrence.

Chapitre 5 Conseils pratiques

§ 1 Comment s'habiller ?

Qu'il s'agisse d'un oral, d'un entretien d'embauche, l'angoisse est la même, qui prive de sommeil, fait trembler les mains, ou donne des sueurs froides.

Il faut donc s'y préparer soigneusement... De la tête aux pieds.

La tenue vestimentaire n'a rien d'accessoire.

Elle vous mettra, ou non à l'aise, et révélera beaucoup de vous-même.

La tête donc :

Il va sans dire qu'un rasage de près s'impose pour le jour J.

Evitez toutefois, les lames de rasoir neuves, elles pourraient trahir douloureusement votre fébrilité matinale !

Mesdemoiselles, l'anti-cerne peut s'avérer d'un grand secours.

Mais, n'oubliez pas qu'un maquillage trop lourd révèle, plus qu'il ne cache, un visage fatigué.

Ayez donc la main légère.

Enfin, si les heures comptent doubles, voire triple à l'approche d'un examen ou... D'un entretien d'embauche, qui est un examen ! Il n'est pas superflu d'en consacrer quelques-unes, d'heures. Une devrait suffire, au coiffeur, sans pour autant ruiner votre budget.

Bien rasés, Messieurs, bien maquillées, bien coiffées Mesdemoiselles, vous êtes prêts pour la deuxième étape.

Et non la moindre, puisqu'il s'agit d'inspecter votre garde robe.

Vous y laisserez une ou deux cravates tachées, un pantalon qui compte plus de poches aux genoux qu'à la taille, ou une paire de chaussures aérées.

Le tout est de s'en apercevoir, avant le grand jour.

Pas question de repasser une chemise à " moins cinq ", ou de reprendre un ourlet.

Vous serez assez stressés comme cela.

Prévoir c'est guérir : Demandez-vous à l'avance, ce que vous pourrez bien mettre.

Jupe ou pantalon ?
Costume cravate ?
Sportwear ?

Dans ce domaine, il n'y a pas de règles.

Pourvu que tout soit propre, repassé et que vous vous sentiez bien dans " vos pompes ! "

Un peu de tact quand même.

Les jupes trop courtes, en dépit de leur intérêt, ne produisent pas toujours l'effet escompté.

De même l'incitation au plongeon dans les décolletés, qui ne manque pourtant, également pas d'intérêt, bien, que pas encore reconnue comme une discipline olympique.

Jupes courtes, trop courtes, et proposition de plongeon dans le décolleté, éloignent du sujet, en dépit de leurs attraits.

Bien entendu, l'on ne s'habille pas de la même façon pour postuler à un emploi dans une banque, une agence de pub… Ou de mannequins !

Indispensable : Un costume ou un tailleur de base, de couleur neutre.

Suffisamment sobre pour pouvoir être porté souvent, sans que cela se remarque.

Toutefois, si l'investissement costume/tailleur vous semble trop lourd, il serait dommage de dépenser ce que l'on n'est pas encore sûr de gagner.

Pas de panique !

Faites le tour de vos pantalons et de vos jupes. Repérez le plus neuf.

Jouez sur les contrastes : la fantaisie de bon goût est une qualité appréciée des recruteurs.

Mieux vaut un ensemble composé par vous-même à petit prix, qu'un costume aussi terne que cher.

Vous ferez ainsi preuve de personnalité.

Mais, si vous doutez, un peu de vous, ne prenez pas de risque.

Reste une question épineuse : Celle de la cravate !

Mais oui !

Son choix ne pose pas de problème sur une chemise unie, mais, il est plus délicat avec les autres.

Jouez la carte de la prudence. Achetez la, accompagné ou faites vous conseiller.

Les pieds :

Si vous ne décidez pas l'achat d'une paire de chaussures neuves, ce qui n'est absolument pas indispensable, songez que les vôtres doivent être impeccables.

On vous pardonnera un kilométrage respectable, si elles sont bien cirées.

Choisissez, des chaussures qui vous iront… comme un gant.

Sa majesté, la reine d'Angleterre recommande à ses enfants de porter des chaussures usagées, mais cirées off course ! lors de cérémonies, par essence interminables.

Napoléon Premier, utilisait les services d'un valet, ayant sa pointure, dont la mission consistait à "casser "les souliers impériaux.

L'on ne sait comment il avait été recruté… S'il n'y a de sot métier, et il y en a de plus fatiguant.

Ne quittons pas les pieds :

Attention enfin au petit trou dans la chaussette ou au collant filé, qui ne manquera pas de vous trahir la première fois que vous croiserez les jambes…

Prudemment Mesdemoiselles.

Maintenant, à vous de jouer.

Mais ce sont la des petits trucs auxquels il vaut mieux penser à l'avance.

Sans toutefois sombrer dans la paranoïa.

L'apparence compte, mais, ne vous forcez pas à entrer dans une panoplie qui vous rendrait ridicules : RAPPEL.

Chassez le naturel, il revient au galop

Nous avons connu des entretiens d'embauche avec des personnes en tailleur gris, emprunté à Madame Mère… Et travaillé quelques semaines après les mêmes personnes, mais embauchées (Ce n'étaient donc plus les mêmes !)… En jean et T Shirt. (Elles, pas moi !).

Pour les vêtements, comme pour le reste, et surtout lors de votre entretien, une seule règle :

SOYEZ VOUS-MEME.

§ 2 Divers conseils “ en vrac “

Chercher un emploi est un travail (rappel), la façon dont on le fait est révélatrice de ce que l'on est, et intéresse le recruteur.

Il y a dans la vie, des pages à tourner.

Quitter l'école, les parents, une ville… Ce qui nous a fait souffrir est plus instructif que ce qui nous fait plaisir.

Un proverbe anglais affirme qu'un énorme chagrin d'amour ne résiste pas à un cor aux pieds !

Il faut donc, se préparer aux épreuves, dont l'entretien d'embauche.

Faire un exposé.
Avoir un plan (dans la tête).

Dresser par ordre prioritaire et décroissant ce dont on veut parler… Et ce dont on ne veut pas parler.

Écrire les questions dont on pense, qu'elles seront posées.

Se fixer deux ou trois objectifs. Pas plus l'abondance brouille le message.

Il faut, faire savoir que l'on cherche.

La recherche, loin d'être honteuse (et pourquoi le serait-elle ?) est valorisante.

Je ne veux plus être à la charge de mes parents, mon fiancé, mon amie travaille.

Suis je vraiment disponible ?
Est ce vraiment ce travail qui m'intéresse ?
Dans trois ans ?

Les détails " idiots " durant la période pénible

Continuez à se lever de bonne heure.
S'habiller " comme si ".
Je me fais beau pour moi, car, si je me sens beau, je le paraîtrais.
N'oublions pas : Se maquiller, c'est s'aimer.

Contre le stress du courrier qui n'arrive pas ou toujours trop tard.
Faire du sport en attendant le facteur.
Repeindre la cuisine de la grand-mère (mais oui !).
Voir des amis.
Partir en, week end, si l'on a les moyens.
Retourner à l'école d'origine.
Accepter des petits boulots. Là… Le mot convient !

La veille du rendez-vous, faire un repérage des lieux.

L'impasse Salvador Alleinde dans la zone industrielle Pablo Neruda… Tout le monde connaît.
Mais pour s'y rendre, il n'y a qu'un bus toutes les heures !

Si le contact a lieu au téléphone, pour la prise de rendez-vous, pensez à utiliser une carte neuve !
Lames de rasoir usagées… Carte téléphone neuve !

Prendre un temps de battement avant le rendez-vous, sans encombrer la salle d'attente.

Pensez à Jean-Jacques : Il m'a gêné, c'est fréquent avec les gêneurs !

Pendant l'attente, faire des mouvements respiratoires amples : Inspirez. Expirez, comme à la gym, mais avec discernement et discrétion.

Ne pas mélanger les genres :
Après, j'ai rendez-vous avec ma copine.
Mon copain m'attend en bas dans la voiture.

Ils attendront !

Dire :
Bonjour, poliment à la secrétaire de celui qui vous reçoit.
Car, après votre départ le recruteur lui demandera peut-être :
Comment le trouvez-vous ?

Si elle répond :
Bof! ou C'est un malpoli, ou qu'elle commente... De façon défavorable bien sûr, vous avez bêtement perdu une occasion de vous faire une alliée.

N'oubliez pas, que c'est elle qui répondra au téléphone lorsque vous relancerez le recruteur.

A cette occasion, n'oubliez pas, également pas, cela va de soit, de lui dire, à nouveau bonjour, et de lui rappeler éventuellement un détail de votre dernière rencontre.

Nous en venons au terme du recueil.

Les techniques de la parole, l'approche de l'entretien d'embauche qui est par essence, un entretien “face à face”, ont été abordées.

Le peu de matière - normale - du CV d'un jeune diplômé, confirme l'importance de la parole.

Les techniques de la communication orale, ont été largement traitées.

L'entretien d'embauche, est un rendez-vous commercial, dans le cadre du marché du travail.

Il se prépare avec d'autres supports que la parole, nous les avons vus :

Les stages en entreprises.
Le curriculum vitae.

Puis, nous avons proposé quelques exercices sur lesquels il faut revenir, pour se préparer.

Le moment de la synthèse est venu.

Elle sera faite en deux temps :

A l'aide d'une, analyse réalisée par des praticiens ayant réuni les points d'observations, qu'ils utilisent pour conforter leurs impressions, donc leurs décisions lors des entretiens d'embauche. (§ 3 Ce que recherche le recruteur.)

Et d'un rappel, (§ 4) sous la forme de dix commandements destinés à réussir dans un premier emploi.

Car, il ne suffit pas d'être embauché pour réussir !

§ 3 Ce que recherche le recruteur

Lors d'un entretien d'embauche, le recruteur forge son jugement en moins de vingt minutes.

C'est donc le temps qui est imparti au candidat, pour se faire connaître, s'expliquer, nous l'avons vu depuis le début du recueil.

L'entretien avec Jean-Jacques a duré le temps, qu'il vous a été nécessaire pour en lire le compte rendu.

C'est une retransmission " en direct ".

Le recruteur s'interroge sur

Les qualités intellectuelles.
La personnalité du candidat.
Enfin, sur son comportement extérieur.

Lorsque l'entretien dure plus de vingt minutes, c'est par courtoisie, par

gentillesse, l'estocade a été suffisante.
Les carottes sont cuites.
Mais par courtoisie, par humanisme, on fait “durer”.

Soit, parce que l'entretien prend un tour beaucoup plus sympathique.
Le recruteur, désire en savoir plus.

Les temps qu'il faut avoir en mémoire (à notre avis - toujours !)
Trois minutes de silence, en fait une minute et demi.
Vingt minutes, décisives, durant l'entretien.

Donc : Être sur ses gardes.
Et se préparer : 24 heures/24… 7 jours/7.
Comme les pharmacies de garde !

Simple comme le commerce.

Voyons dans le détail.

Comme dans les exercices précédents, il s'agit non pas de lire, sans plus ce qui serait, déjà une bonne chose.
Mais, de prendre le temps de la réflexion.

Les qualités intellectuelles recherchées par le recruteur

Nous allons du positif vers le négatif, de la gauche vers la droite.
Du plus, vers le moins.

Le candidat :
Affirme une grande maîtrise dans le raisonnement… Il n'a pas construit sa présentation, il se disperse dans ses idées.
Il développe un champ d'informations très large… Ses informations sont pauvres.
Met en œuvre une grande variété d'idées… Ses idées sont étroites.

S'exprime avec concision… Il cause, il cause : Verbiage.

La personnalité du candidat

Nous allons toujours, de la gauche vers la droite.

Le candidat est autonome.

Il développe une analyse personnelle, authentique. Il développe des stéréotypes.

Il assume ses idées… Se laisse influencer, il est versatile.

Il affirme une grande maîtrise dans la conduite de l'entretien… Ou le subit.

Sa personnalité est ouverte :

Il est apte à l'écoute, accepte les idées d'autrui… Au contraire, il est entêté.

Il développe ou a développé des activités extra scolaires ou professionnelles significatives… N'a jamais eu d'activités significatives.

Le candidat a une claire conscience de lui-même et de son avenir… N'a aucune vision de son avenir.

Il s'engage dans ses idées… Il refuse l'engagement, préfère rester dans le flou.

Un dernier élément est pris en compte.

Le comportement extérieur

Le candidat affiche une présence certaine… Ou est insignifiant.

Sa présentation est correcte et naturelle… Négligée ou très artificielle.

Enfin, il s'exprime clairement ou… De façon confuse.

Ce que le recruteur n'aime pas entendre

— Samedi matin ? Ah non alors !
— J'aurai un portable ? Une voiture ?
— Pour les prochaines vacances, on fait comment ?
— On m'a dit que vous embauchiez à 20 Kilo Euros (an ! brut !).

C'est très bien de s'informer sur l'entreprise qui cherche (peut-être) à embaucher.

Mais les conditions peuvent avoir changées.

Vous n'avez peut être pas le profil type pour le poste.

De plus, dans certains secteurs, il n'y a pas de salaire d'embauche type.

La question " salaire "est particulièrement sensible.

De toutes les façons, il faudra l'aborder.

Donc, expliquez-vous franchement.

Ne rester pas sur un silence, qui pourrait induire une gêne.

A mon avis : Il est astucieux de proposer une période de six mois, avant d'examiner à nouveau : " How much ".

La méthode est raisonnée donc raisonnable, car elle ne met personne le " dos au mur ".

La question du salaire est souvent source de conflits, de malaise.

Quelques mots sur ce sujet :

L'un de mes collaborateurs, Olivier, fait mon siège :

— Monsieur PEYREL, mon salaire, cela ne va pas !

— Ah bon.

— Vous le savez bien Monsieur PEYREL !

— Oh, pas tant que ça. Mais vous savez, cela ne dépend pas de moi. Il faut que j'en parle à Bernard V. Notre chef commun.

— Merci Monsieur, je compte sur vous.

Je me suis engagé, il faut que j'y aille, et demande un rendez-vous à Bernard V. Je l'obtiens.

A ma mine, il doit deviner que je ne viens pas lui annoncer qu'il a les six numéros du Loto !

Je le sais près de " ses sous ", et de ceux de l'entreprise, on dit de lui :

Lui, ce n'est pas le salaire de la peur, mais la peur du salaire.

Je sais, je sens, que je vais me faire aligner.

— Eh bien voilà Monsieur, Olivier vaudrait être augmenté.

— Ah bon ! Et pourquoi ?

Je sais que je viens de me faire piéger, " comme un bleu ".

J'ai mal préparé mon coup, en fait je n'ai rien préparé.

Et je réponds :

— Il fait bien son travail.

Phrase que je regrette aussitôt.

Bernard V me mouche :

— C'est pour cela qu'on le paye.

Je viens de me faire "jeter ".

— Et à part cela François ?

— Ça va Monsieur, merci. Au revoir Monsieur.

— C'est ça, au revoir François. Bonne journée.

Maintenant, pour moi le plus dur reste à faire. Expliquer à ce gourmand d'Olivier, que je suis un " mauvais ".

Je lui propose un rendez-vous.

— Olivier, je suis désolé, vous savez comment " il " est. Je me suis fait jeté comme un malpropre. Je suis désolé.

— Mais Monsieur PEYREL, vous savez bien, vous, que je ne suis pas au prix du marché !

Je lui réponds, en le regrettant aussitôt :

— Retournez-y !

Ma réponse est nullissime. J'en ai honte

— Ecoutez, Olivier, sur ce coup vous et moi, mais surtout moi, on a été nuls. Nous aurions dû, " le " connaissant préparer notre affaire, justifier notre demande. Excusez-moi j'ai été un mauvais chef.

— Mais non Monsieur, répond Olivier, beau joueur.

Pour clore l'entretien, je dis :

— Je vais réfléchir, je trouverai bien un truc

Quelques mois après, une possibilité de mutation s'est offerte.
Olivier l'a acceptée.
Et a réussit.
Six mois après, l'augmentation est passée comme un lettre à la Poste.

Autre exemple de "ratage ".

L'un de mes collaboratrices, collègue d'Olivier, c'est la saison qui devait vouloir cela, Karyne, m'interroge sur son plan de carrière.

— Vous comprenez Monsieur, cela fait deux ans que je fais les mêmes choses, alors je voudrais que vous me disiez, ce que je vais faire maintenant, et dans les prochaines années.
— Franchement, je n'en sais rien.
— Mais enfin, c'est vous le chef, vous devriez savoir.
— Cela me paraît normal, à votre âge, de demander un mini plan de carrière, au fait si je peux me permettre, quel âge avez vous ?
— Vingt-cinq ans.
— Pas de bébé en vue ?
— Non, pas tout de suite.
— Bon, mais, vous savez, un plan de carrière… Pour moi même, je ne sais déjà pas trop. Mais je vais réfléchir.

Miraculeusement, quelques semaines après, un poste à mon avis intéressant se libère.

Rendez-vous est pris avec Karyne.
— J'ai une proposition à vous faire.

Et je présente les activités de l'emploi.

Puis, je me tais. Afin de lui laisser le temps de réfléchir, j'attends au minimum un acquiescement, ou un refus, au mieux une reformulation.

J'entends :

— Il faudra que je change à Châtelet.

Sidéré, je prononce la phrase suivante :

— Ecoutez Karyne, vous venez me parler de plan de carrière, je trouve une solution qui me paraît très sympa, vous me répondez : plan du métro. Faites vous embaucher à la R A T P.

Nous avons bien ri tous les deux.

Souvenons nous, que le recruteur, se moque du tiers, comme du quart de vos changements de correspondance métropolitaines.

Le recruteur n'aime pas entendre également :

— J'ai quelques questions à vous poser.

— Je voudrais avoir cinq réponses.

J'ai été ainsi agressé par un demandeur d'emploi qui avait sur les genoux, plusieurs pages à renseigner sur l'entreprise dans laquelle je travaille.

On avait dû lui recommander de s'intéresser à moi !

Au bout d'un quart d'heure (largement moins), j'avais compris que nous ne ferions pas affaire pour de multiples raisons, et critères fondamentaux :

Son faible niveau technique et… Sa personnalité.

A la fin donc, de ces dix premières minutes, de questionnaire, je lui ai demandé s'il comptait se rendre acquéreur de l'entreprise dans laquelle… Il cherchait un emploi

Le recruteur est un être humain comme les autres, nous avons vu de façon caricaturale à quelles catégories l'on pouvait le rattacher.

Le recruteur donc, de la même façon que certains parlementaires qui applaudissent sans s'arrêter de dormir, ou de lire le journal :

Peut être en " veille automatique ", lors d'entretiens singulièrement soporifiques, et opiner doctement du bonnet en pensant à toute autre chose.

On se souvient que je me suis plongé dans un profond silence face à Jean-Jacques (Ou, et avec qui vais-je déjeuner ?)

Donc, si vous voulez capter l'attention du recruteur, demandez des choses simples.

Vous avez : une précision, et une seule, à demander, c'est l'idéal.

Vous pouvez vouloir un complément sur ou deux points, cela marche encore.

Trois questions ! il faut vraiment que la troisième soit passionnante.

Au-delà, c'est une chimère.

Cela jouera en votre défaveur.

Et la catastrophe est garantie si vos préoccupations portent sur la cantine, son menu, l'existence d'une salle de repos fumeurs…

Observez les hommes de télévision : Pour capter l'attention, ils ne développent pas plus d'une ou deux idées à la fois.

Après, on zappe !

Donc, faites attention, ne vous faites pas zapper par votre recruteur.

§ 4 Les dix commandements pour réussir dans votre premier job

Ces recommandations sont extraites du livre de Monsieur Daniel Jouve édité aux Éditions Publi Union. (" Les dix conseils pour réussir dans votre premier job ")

Une fois embauché (es) comment réussir son intégration dans l'entreprise ?

D'après Monsieur Jouve, et nous partageons sa conviction, ce ne sont pas les étudiants les plus brillants qui réussissent le mieux.

D'où l'importance de ne pas prendre un faux départ, et donc, des dix conseils suivants :

Ne pas rechercher la perfection, mais soignez les détails.

Être ponctuel, discret et franc.

En faire plus que ce que l'on attend de vous.

Être positif et concret.

Comprendre le langage des supérieurs.

Soulever des problèmes, cherchez des solutions et les proposer à ceux qui ont le pouvoir de décision.

Bien choisir les batailles en respectant les adversaires.

Ne pas être naïf, chacun a sa carrière à faire.

Être ouvert vers l'extérieur.

En guise de conclusion :

LE TRAVAIL FINIRA TOUJOURS PAR VOUS RATTRAPER.

TABLE DES MATIERES

Imprimé en France
ISBN 2-35027-019-X
Dépôt légal : 4e trimestre 2004